DES SIGNES

ENVISAGÉS

RELATIVEMENT A LEUR INFLUENCE

SUR LA FORMATION DES IDÉES.

DES SIGNES

ENVISAGÉS

RELATIVEMENT A LEUR INFLUENCE

SUR LA FORMATION DES IDÉES,

Par Pierre PREVOST,

Prof. de philos. à l'Ac. de Genève, de la soc. des A. et de la soc. de Phys. et d'H. N. de la m. v.; de l'Ac. de Berlin, et de la soc. des C. de la N. de la m. v.; de la s. R. d'Edimbourg; de la soc. Philotech. de Paris; ass. corr. de la s. des Sc.-et-A. de Montauban.

Credunt homines rationem suam verbis imperare : sed fit etiam ut verba vim suam super intellectum retorqueant.
Baco. *Nov. Org.*, P. 2, aph. 59.

PARIS,

BAUDOUIN, Imprimeur de L'Institut national.

AN VIII.

AVERTISSEMENT.

Déterminer l'influence des signes sur la formation des idées.

Telle est la question qu'avoit proposée l'Institut, et à laquelle j'ai tâché de répondre. Voici le jugement que j'ai obtenu :

L'Institut national a distingué le mémoire n°. 2 , portant pour épigraphe ces mots de Bacon : Credunt homines rationem, *etc. etc. Ce mémoire est celui qui , après l'ouvrage couronné, a le plus approché du but.*

Loin de céder à un premier mouvement de regret (*), et d'abandonner cet écrit ; je m'honore au contraire d'un jugement qui lui assigne la seconde place parmi ceux qui ont concouru , et je me fais un devoir de publier ce mémoire sans y faire aucun changement (**).

Lorsque je l'envoyai au concours , je prévins mes juges, par une *remarque préliminaire* , que j'envisageois les notes qui l'accompagnent comme en faisant partie.

(*) *Frange miser calamos.*

(**) Si ce n'est deux ou trois petites notes , désignées comme *postérieures au concours.*

Avertissement.

J'ai rejeté dans ces notes finales les digressions et les citations. J'aurois pu les multiplier; mais j'ai cru, dans ce sujet sur-tout, devoir éviter toute espèce de luxe (*). Il m'est arrivé aussi d'être arrêté par d'autres motifs plus particuliers. C'est ainsi que j'aurois eu quelque répugnance à citer les ouvrages où mes juges auroient pu se reconnoître, et à paroître capter indirectement leurs suffrages.

Ces notes doivent être lues après le texte, dont elles ne doivent pas interrompre la continuité, et auquel elles ajouteront quelques explications utiles (**).

(*) Εςι μοι εχθρον
Αυθις αριζηλως ειρημενα μυθολογευειν.

(**) On trouvera à la suite des notes la partie du Programme de l'Institut qui est relative à ce sujet de prix : c'est un monument que le lecteur sera bien aise d'avoir sous les yeux, et que je desire aussi qu'il ne perde pas de vue.

TABLE
DES MATIÈRES.

Avertissement, page v

De l'influence des Signes, page 1

Partie I. *Comment les signes influent sur la formation de nos idées*, 4

Section I. *De l'influence des signes sur nos idées à l'époque de leur première formation*, ibid.

Section II. *De l'influence des signes sur nos idées à l'époque où les sciences ont pris naissance, et sont distribuées en diverses classes*, 11

Partie II. *Comment on peut retirer de l'influence des signes tous les avantages dont elle est susceptible*, 29

Section I. *Caractères des signes parfaits*, ibid.

Section II. *Du langage articulé*, 31

Section III. *De l'écriture*, 36

Section IV. *De quelques systêmes de signes particuliers*, 38

Notes, 41

Programme *de l'Institut national relatif à la question traitée dans ce mémoire*, 68

DE L'INFLUENCE DES SIGNES.

Le premier fruit de l'étude qui a pour objet l'esprit humain, est de nous faire reconnoître les bornes de nos facultés. Une mémoire, une attention limitées ; une imagination lente ou mobile, qui trahit sa foiblesse même par ses écarts ; une sensibilité dépendante de son organe, et soumise à des lois qui restreignent son activité. Tel est le premier aspect qu'offrent à l'œil de l'observateur les phénomènes si variés de l'intelligence ; telle est la première base de toutes nos connoissances en ce genre ; et tel est aussi le principe qui, en tout autre genre d'étude, doit servir de règle à ceux qui s'y livrent.

Au nombre de ces observations fondamentales, qui indiquent la limite mise par la nature à l'exercice de nos facultés, il en est une qui se répète sous mille formes, et dont on peut déduire diverses conséquences. Je l'énonce ainsi sous forme de loi : devant une sensation forte, une sensation foible est éclipsée et disparoît (1). Tous nos sens à chaque instant attestent cette vérité.

De là vient probablement que, dans l'état de veille, nous ne pouvons avoir l'image claire des objets de nos sensations passées, de celles du moins qui sont simples et isolées, sans que ces objets frappent réellement nos sens, sans que nos organes soient mis en jeu de nouveau : car ces foibles images disparoissent devant les sensations qui nous affectent, comme les étoiles devant le soleil. Des souvenirs liés entre eux s'étayent et s'éclairent, pour ainsi dire, mutuellement ; des sensations souvent répétées, et toujours dans le même ordre, s'offrent à nous avec plus de facilité. Souvent aussi nos organes, suivant tacitement la pensée, donnent par leur jeu secret quelque consistance à ses formes. On éprouve aussi que, dans le sommeil, les images reprennent toute leur vivacité ; mais au milieu des perceptions multipliées de la veille, elles pâlissent et s'effacent. Vainement tenterez-vous de fixer dans votre esprit le souvenir d'une couleur éloignée de votre vue, d'un son, d'une odeur, d'une saveur, d'un toucher qui vous échappe : votre esprit confond les nuances ; et l'attrait même le plus vif n'opère qu'un rappel lent et confus, tant que la sensation n'est pas renouvelée. Mais il est évident que, pour penser, il faut des idées nettes et des comparaisons rapides. On ne peut donc employer utilement de tels souvenirs pour former une suite de pensées.

Telle est manifestement la première origine des signes. Occupé sans cesse des objets qui ont frappé les sens, les rappelant avec effort, les combinant sous de nouveaux aspects, l'esprit dans chacun d'eux saisit un trait saillant, et l'unit à un autre objet de son choix, qui, à son tour, doit remplacer le premier dans son souvenir. Cet objet, destiné à maintenir l'autre présent, doit être un objet sensible ; sans cela, il n'échapperoit pas moins à l'attention que celui qu'on veut lui assujettir. Il faut encore qu'il soit présent, ou par lui-même, ou par le jeu de l'organe, ou par quelque liaison rapide ; qu'il soit du moins à portée de celui qui l'emploie, toujours prêt, toujours à sa disposition : sans cela, l'emploi même en seroit inutile, et la sensation principale seroit rappelée tout aussitôt que l'accessoire. Ces deux conditions sont ce qui constitue la nature du signe, du signe qu'on peut nommer usuel, et sur lequel il importe de fixer sur-tout notre attention.

Un *signe* est un objet sensible et présent, qui rappelle un objet absent auquel l'esprit l'associe.

Quelques signes sont indiqués par la nature. La cause est signe de l'effet ; l'effet est signe de la cause ; et, sans être liés par cette importante relation, plusieurs phénomènes existant à la fois frappent nos sens en même temps, se rappellent mutuellement, et l'un d'eux sert de signe à l'autre. Ce sont là des signes *naturels*. D'autres sont *artificiels*, ou arbitraires, ou d'institution. D'autres enfin prennent sous d'autres rapports le nom de signes *accidentels*.

Epargnons à nos lecteurs des distinctions connues, et dont nous ferons peu d'usage ; et, appelés à traiter de l'influence des signes sur la formation de nos idées, bornons-nous à indiquer comment cette influence s'exerce, et comment on peut la diriger.

PREMIÈRE PARTIE.

Comment les signes influent sur la formation de nos idées.

Quelle est donc l'influence des signes ?

Pour ne point nous égarer dans cette recherche, occupons-nous d'abord des idées à l'époque de leur première formation ; et ensuite, nous livrant avec confiance à notre sujet, envisageons ces mêmes idées dans un esprit mûri par la science, dont elles sont les élémens.

Première section.

De l'influence des signes sur nos idées à l'époque de leur première formation.

§. 1.
Influence sur nos idées individuelles.

Il est dès long temps reconnu que les sensations sont l'origine de nos idées. On demande si celles-ci se forment à l'aide des signes. Avant de répondre directement à cette question, je ferai une remarque de méthode. Il faut s'abstenir, dans un sujet difficile et très-étendu, de traiter des questions délicates qui peuvent en être détachées : il me paroît qu'en parlant des signes, on peut éviter celles auxquelles donne lieu l'analyse pleine de nos idées, cette analyse qui remonte jusqu'à leur première origine. Quelles seroient les opérations de nos sens isolés ou combinés sous divers rapports ? comment l'existence des corps se manifeste-t-elle à nous par leur ministère ? l'œil voit-il quelque étendue avant les leçons du tact ? Ces questions et d'autres analogues n'entrent pas dans le plan que je me suis tracé. Je n'entreprends point, en un mot, de décomposer en entier notre être pour le recomposer de nouveau.

Je pars de quelques vérités reconnues, et je m'efforce d'en tirer des conséquences claires et applicables à mon sujet.

Sentir et connoître, sont des mots distincts; et je ne saurois confondre le plaisir qui m'affecte avec la persuasion qu'il entraîne, le doux éclat qui réjouit ma vue avec la perception de l'astre qui le produit. Souvent le plaisir ou la douleur sont si légers, qu'à peine je puis m'en rendre compte. Cette sensation n'a d'autre effet que de porter mon ame vers la contemplation de l'objet que j'apperçois. En ce cas, on peut dire que la sensation fait office de signe.

Il est d'autres liaisons analogues et d'une moins difficile analyse. L'objet qui frappe l'œil est un signe de l'objet que palpe la main; et cet emploi des choses visibles a lieu lorsque l'œil juge de l'étendue.

Voilà donc quelques idées, qui, dès leur première formation, supposent le secours des signes (2). La connoissance ou la simple perception d'un objet quelconque suppose une sensation qui l'indique; la profondeur de l'espace n'est vue qu'à la faveur d'un signe auquel elle est associée.

Mais, sans nous arrêter à cette remarque, et en adoptant un langage reçu, voyons si quelque signe est nécessaire pour opérer la transformation d'une sensation en idée, même dans l'acte le plus simple de la pensée. Pour que cet acte soit simple, il faut qu'il ait pour objet la formation d'une idée individuelle; et, pour qu'il soit plus simple qu'aucun autre (sans toutefois sortir des bornes de l'expérience connue), il faut que cette idée nous paroisse naître de la sensation sans aucun intermédiaire. A ces caractères, je reconnois cette idée première dont je viens de m'occuper; je veux dire la connoissance ou la perception d'un objet que j'acquiers immédiatement à l'occasion de quelque sensation. C'est donc cette connoissance que j'ai en vue ; et j'examine si l'art des signes a quelque influence sur sa formation, si, indépendamment de la fonction de signe que j'ai attribuée à la sensation, toute connoissance de ce genre suppose un langage.

Et d'abord, j'observe que cette connoissance suppose quelque comparaison. *Ce n'est pas moi* : cette pensée présente deux termes en rapport. Je ne prétends pas dire qu'on les énonce, mais bien qu'ils existent dans tout esprit qui apperçoit un objet comme différent de lui-même ; et, quoiqu'un grand maître décide que l'acte de la comparaison se réduit à l'impression de deux sensations dominantes, il y a quelque lieu de douter qu'en ce cas, au moins, cette analyse soit suffisante (3). Je n'oserois donc pas affirmer qu'une intelligence privée de tout signe pût transformer en connoissance la sensation qu'elle éprouve : mais l'espèce de signes nécessaires pour cet acte si simple, commun à l'homme et à la brute, qui s'exécute par habitude, et dont le souvenir périt à l'instant, ne peut être qu'un tissu d'images confuses dont l'assemblage constitue un sentiment obscur de personnalité.

Ces images, insuffisantes pour former aucune idée abstraite, peuvent du moins être comparées à la sensation, et faire appercevoir la rose comme distincte de son odeur.

Des souvenirs de cette nature, dès qu'ils servent de terme à quelque comparaison, sortent du champ de l'imagination pour entrer dans celui de la mémoire. Ce sont des signes auxquels les idées individuelles s'attachent, et sans lesquels on ne pourroit être affecté que par les objets présens.

C'est ainsi que, pour appercevoir, pour comparer, pour faire emploi de ses souvenirs, on ne peut se passer de quelques signes, fort imparfaits, à la vérité, et tels qu'ils ne méritent point le nom de langage.

De l'influence des signes.

Mais c'est principalement sur les idées générales que les signes exercent leur influence ; et comme cette classe d'idées est le vrai domaine de la science, la théorie de leur formation nous offre aussi plus d'intérêt.

A l'instant où l'enfant, encore attaché au sein maternel, transporte à un étranger ces doux sons par lesquels il a appris à bégayer le nom de père, il fait un premier pas dans cette carrière, qui, par d'insensibles progrès, conduira l'homme aux conceptions les plus abstraites. La même marche s'observe dans l'enfance des peuples (4). Et dans ces élémens imperceptibles, on peut déjà remarquer l'influence des signes, ou plutôt l'absolue nécessité de leur emploi.

Posons d'abord un principe, vainement contesté dans des temps qui sont loin de nous (5). Un genre n'existe pas dans la nature, comme il est conçu dans notre entendement. L'*homme* ainsi généralisé est un être de raison. Tout homme est un individu complétement déterminé comme tel. Cependant l'objet de notre pensée n'est point chimérique, et cet objet porte avec lui les caractères de l'unité ; le langage même le démontre. Quel est donc l'objet *unique* de toute idée générale ? il est évident que ce ne peut être qu'un signe (6).

Quelquefois ce signe est l'image d'un individu de l'espèce qu'il s'agit de peindre : c'est ainsi qu'en géométrie on peint par un triangle déterminé ce qu'on affirme de tout triangle ; c'est ainsi encore que je puis attacher au mot de *héros* l'image d'Hercule exprimée par la sculpture, ou celle d'un guerrier dont les traits me sont connus. Observez seulement de détacher de ces exemples tout ce qui a rapport au langage proprement dit, et feignez un être réduit à n'employer que la figure dont le contour au moins est gravé dans son souvenir. Je conçois qu'avec de tels signes, on peut former quelques idées générales et quelques combinaisons peu compliquées. N'est-ce point à la faveur de pareils signes que les brutes paroissent, en plusieurs occasions, passer un peu les bornes des sens, et lutter en quelque sorte avec l'homme dans l'exercice des facultés supérieures ?

Quoi qu'il en soit, les signes parfaits sont d'une nature différente ; ils n'ont le plus souvent aucune ressemblance avec l'objet qu'ils représentent ; ou cette ressemblance, si elle existe, est éloignée et inapperçue. Ce caractère est nécessaire à l'expression fidèle d'une idée abstraite ; car par cela même que cette idée est abstraite, par cela même qu'elle est composée des traits détachés de plusieurs individus, et qu'elle doit également les représenter tous, il faut qu'elle n'en peigne aucun par les traits qui lui sont propres. Or, dès qu'on trace une image, on ne peut plus en séparer ce qui constitue les propriétés de l'individu, et le signe n'a plus toute sa généralité. C'est la différence qui a lieu entre un exemple et la règle dont il dérive, entre un chiffre et une lettre dans une formule de calcul.

Cependant le signe, mêlé de quelque ressemblance, accompagne souvent le signe pur, soit par l'effet d'une ancienne habitude, soit par d'autres liaisons d'idées que l'imagination favorise, et qui elles-mêmes donnent du corps à la pensée. Quoique le mot *fleur* soit par lui-même un signe pur et tout-à-fait dégagé d'idées particulières, il arrive probablement à tout le monde, en prononçant ce mot, d'avoir à l'instant l'image de quelque fleur favorite, et peut-être une suite rapide d'images qui l'accompagnent et l'embellissent.

Mais dans le raisonnement le signe pur suffit, et ses accessoires peuvent être nuisibles. Rien n'établit mieux cette vérité que l'algèbre, cette science abstraite, où, par des combinaisons de signes libres de toute ressemblance, on obtient des conséquences applicables à une multitude d'objets. Ainsi les mots d'un discours peuvent passer dans l'esprit sans éveiller l'imagination, et donner néanmoins

De l'influence des signes.

les plus importans résultats. Ce raisonnement pur est représenté emblématiquement par la théorie du syllogisme, dans laquelle, sans égard au sens du sujet et de l'attribut, on dirige l'emploi de ces termes par des règles sûres et véritablement démontrées.

Dès que l'esprit s'est familiarisé avec les idées abstraites, et a acquis l'habitude de les combiner, il est facile de voir que les signes influent sur l'instruction même la plus commune.

§. 3.
Influence sur l'instruction commune

Les idées accumulées dans la mémoire ne sont utiles qu'autant que le jugement les emploie; leur liaison en fait le mérite, et l'instruction dépend de la multitude et de la justesse des rapports sous lesquels l'esprit les envisage et les associe. Or les signes favorisent tellement la liaison des idées, que, sans leur secours, on a peine à concevoir dans les idées quelque liaison suivie. Non-seulement tout rapport saisi ou toute comparaison dont l'objet a de l'intérêt suppose quelque abstraction, et par conséquent quelque signe; mais, dès l'instant qu'on use de la parole, cette opération de la pensée par laquelle nos idées se lient entr'elles se fait toujours au moyen des mots. Les mots donnent aux rapports une sorte de fixité qu'ils n'ont point par eux-mêmes, et le rappel des idées s'opère indirectement par leurs signes. C'est ainsi que se multiplient nos jugemens, et c'est ainsi encore qu'ils deviennent plus fixes et plus assurés; car leur objet reste plus long-temps en vue, et peut être rendu plus déterminé. Le signe, il est vrai, n'est pas toujous exempt d'équivoque; et l'on sait assez combien de faux jugemens sont dus à cette circonstance : mais, par l'usage même, on apprend à prévenir l'abus; et un emploi sage des signes est enfin le seul moyen de donner à notre jugement de la justesse et de l'activité.

Ce n'est pas seulement en favorisant la liaison des

idées que les signes développent l'intelligence : les signes sont un moyen, et presqu'un moyen unique, de communication entre les êtres qui pensent ; par là même ils sont pour eux une abondante source d'instruction. Si l'on considère la multitude d'idées que, dans une société même peu avancée, chacun des individus qui la composent a dû recevoir par cette voie, on ne doutera pas que l'instruction la plus commune, celle qui frappe le moins les yeux, ne suppose beaucoup de leçons, et ne dépende par conséquent beaucoup des signes envisagés comme instrumens de communication. Sans doute cette instruction est souvent imparfaite, quelquefois même fausse et trompeuse ; mais en général les leçons que nous recevons de nos semblables, sur-tout pendant les premières années de notre vie, sont le fruit d'une expérience sûre, et servent à éclairer la nôtre. On peut donc dire qu'à divers égards, toute instruction dépend des signes.

Remontant ainsi à l'origine de nos idées, et observant l'influence des signes sur leur formation, nous avons reconnu quelque chose de comparable aux signes dès les premiers élémens de la pensée, et jusque dans la perception la plus simple ; mais c'est à la formation des idées générales que nous avons vu les signes déployer toute leur puissance. D'abord, sous forme d'exemples, ils ont aidé nos abstractions naissantes ; ensuite, dégagés de toute espèce de similitude, ils ont formé un langage qui se prête au raisonnement, nécessaire pour cette opération de l'intelligence, sans lequel il ne peut exister de longues suites d'idées, et qui seul représente des idées vraiment générales. Enfin l'instruction la plus simple s'est montrée dépendante des signes, soit parce qu'ils facilitent l'emploi des idées acquises, soit parce qu'ils nous en font acquérir de nouvelles par la voie de l'enseignement.

Ce seroit ici le lieu de traiter les questions suivantes. Quels sont les divers genres de langage vraiment dignes de ce nom, et quelle est sur la formation des idées l'influence de ces divers signes ? — Quelles sont les nuances qu'établit entre les intelligences la perfection du langage, ou (nous bornant à celles qui nous sont le mieux connues) quelle différence y a-t-il d'homme à homme, quant à l'art d'abstraire et de généraliser (7) ?

Je préfère de me jeter dans une autre route, et de suivre une indication importante qui m'est fournie par les philosophes mêmes qui ont proposé la question qui m'occupe.

SECONDE SECTION.

De l'influence des signes sur nos idées, à l'époque où les sciences ont pris naissance, et sont distribuées en diverses classes.

Il est nécessaire, sans doute, de remonter à l'origine de nos idées, et d'assister à leur première formation, pour apprendre à connoître et à diriger notre intelligence; mais le spectacle de cette même intelligence, agrandie et développée, est d'un plus grand intérêt; une suite de vérités assez nombreuses et assez importantes pour mériter le nom de *science*, excite le respect de celui qui la contemple, et anime les efforts du philosophe qui fait de la vérité l'objet de son culte et de son amour. Voyons quelle est sur les progrès de la science l'influence de l'art des signes, et considérons sous ce point de vue les sciences de diverse nature.

Si l'instruction la plus commune suppose l'usage des signes, on en peut déja inférer que les signes ne sont pas moins nécessaires pour une instruction plus pleine et plus exacte. Pour découvrir ou reconnoître des vérités qui ne sont pas généralement connues, ou même pour mettre en ordre nos idées et classer nos divers jugemens, il faut savoir saisir des rapports éloignés, des rapports qui ont lieu entre nos idées les plus abstraites, qui sont en quelque sorte profonds et cachés. Or, si, dès la formation de nos premiers jugemens, dès la première génération de nos idées abstraites, les signes nous ont paru nécessaires; combien plus le seront-ils à cette époque où l'esprit multiplie si fort ses jugemens et ses abstractions ! et si les signes sont liés à la science par des nœuds si étroits, comment la perfection de cet instrument nécessaire n'auroit-il pas une grande influence sur celle des ouvrages qu'il aide à former ?

Aussi, dès qu'une science est arrivée à un certain point de perfection, elle ne manque pas de réformer ses signes; et il est important de remarquer que ce n'est pas seulement en vue de l'enseignement que cette réforme s'opère : c'est plus peut-être pour la science intérieure qu'on travaille lorsqu'on épure son langage; et le succès de l'entreprise dépend moins de la facilité qu'elle donne de communiquer nos idées acquises, que de l'espérance qu'elle laisse concevoir d'en acquérir de nouvelles, et de la clarté qu'elle fait naître au-dedans de nous.

Cependant il arrive toujours qu'un système de signes clair et bien lié, en même temps qu'il favorise le développement et l'arrangement de nos connoissances, répand autour de nous la lumière, et fait fructifier ses produits par la voie de l'enseignement. Les communications devenues libres se multiplient, la curiosité s'éveille de toutes parts, et la science se propage comme par une sorte de contagion. Forte de la réunion de tant d'intelligences actives, elle pousse des jets plus hardis, et offre enfin l'aspect d'un arbre solide et majestueux, qui nourrit l'homme de son fruit et le protège de son ombre.

Tel est le coup-d'œil général que la science nous offre lorsque nous la considérons dans ses rapports avec les signes;

mais ce sujet exige une analyse plus rigoureuse. La vérité est sans doute l'objet commun de la science ; mais les sciences diffèrent par l'objet particulier de leurs recherches, et je ne puis me dispenser d'entrer à cet égard dans d'assez longs détails.

C'est une distinction importante que celle qui sépare la vérité conditionnelle de la vérité absolue (8). La première se fonde sur l'identité de deux assertions, dont l'une est contenue dans l'autre, et n'a besoin que d'en être extraite et déduite. La seconde a de tout autres caractères.

§. Deux ses de s ces.

Appelés à considérer les sciences selon leurs classes, à les soumettre à l'examen, à rechercher comment chacune d'elles dépend de l'art des signes, et jusqu'à quel point cet art l'élève à la perfection : fixons nos regards sur les deux branches mères de l'arbre de la vérité (9), et rapportons-y les objets de nos connoissances.

Je dis donc qu'il est des sciences qui ne s'occupent que de la vérité conditionnelle, et qu'il en est d'autres qui s'occupent de la vérité absolue. Les premières sont fondées exclusivement sur le principe d'identité ; les autres, sur divers principes qu'elles emploient inégalement.

Examinons d'abord la nature des sciences fondées sur le principe d'identité, afin d'en conclure quelle est sur ces sciences-là l'influence de la perfection des signes.

Pour qu'une science soit fondée sur le principe d'identité ; pour qu'elle ne s'occupe que de vérités conditionnelles ; pour que ce soit, en un mot, une *science de raisonnement pur*, il faut que son objet soit de nature à offrir beaucoup de développement, sans avoir jamais recours à l'expérience. Ce doit donc être un objet abstrait et fort généralisé, afin que l'explication des cas particuliers qu'il renferme donne lieu à des énonciations homogènes et nombreuses. Ce sujet doit être connu sans étude ; il doit

§. Des ces d sonne pur.

être familier à tous les hommes : car tout ce qui ne leur est point commun exige, pour être appris, les leçons de l'expérience. Enfin ce sujet doit être tel, que ses parties puissent être exposées successivement à notre contemplation, afin qu'il en résulte une multitude de points de vue et de combinaisons variées dont l'ensemble puisse présenter l'idée d'une véritable science. Privée de ces avantages, toute science qui prétendra se borner au raisonnement sera nécessairement, ou fausse, ou disetteuse, et par conséquent peu digne de nous occuper.

Il est un sujet qui paroît réunir toutes ces conditions, et qui, en effet, est devenu l'objet d'une science qu'on peut, sans abus de langage, appeler science de raisonnement pur. Cette science est celle des mathématiques, dont l'objet est la quantité ; sujet abstrait, familier, exponible ; portant, en un mot, tous les caractères requis pour une telle science. Celle-ci n'a rien d'absolu. La nature de l'espace n'occupe point le géomètre ; la réalité de ses figures n'entre pour rien dans ses recherches ; ses cercles et ses triangles sont tels, qu'il ne peut jamais les tracer ; il ne peut les peindre que par des emblèmes ; il avance de supposition en supposition ; et, retournant sa pensée sous mille formes, c'est en répétant sans cesse, *le même est le même*, qu'il opère tous ses prodiges. Toute proposition de mathématiques pures (sans en excepter les problèmes) peut aisément être exposée sous la forme d'une proposition conditionnelle. Il est si vrai que cette science n'est qu'un continuel retournement de la pensée, qu'on peut concevoir une intelligence qui l'invente et la porte à sa perfection sans autre moyen que la méditation seule. Il est si vrai que cette science tire tout de son propre fonds, qu'on y a proposé l'usage de quelques machines ingénieuses, capables de rendre sous forme d'application ou de conséquence ce qu'on leur confie sous forme de principe (10).

De l'influence des signes.

Les mathématiques sont donc une science de raisonnement pur; et de là dérivent trois caractères qui les distinguent. Le premier est une certitude supérieure à celle des autres sciences, parce que rien n'entraîne la persuasion avec plus de force que l'identité reconnue. Le second est l'usage de certaines chaînes de propositions dans le raisonnement, dont la longueur et la fréquence se font remarquer, et que les autres n'admettent que rarement. En effet, dans celles-ci, on est obligé d'interrompre la suite des conséquences, à cause de la variété des principes : et d'ailleurs le défaut de cette certitude pleine qui règne dans les mathématiques, et que ces autres sciences ne peuvent atteindre, y inspire de la défiance pour les conséquences éloignées. Le troisième et dernier caractère que je remarque est la rareté (on devroit pouvoir dire l'absence totale) des paradoxes et des disputes : car comment l'intelligence pourroit-elle s'étonner de trouver dans ses conséquences ce qu'elle a mis dans ses prémisses ? et comment n'être pas d'accord sur l'identité dans la déduction, ou disputer sur une hypothèse reconnue pour arbitraire ?

Telle étant la nature des sciences fondées sur le principe d'identité, on peut dire que leur perfection dépend de celle des signes qu'elles emploient. Étant abstraites, elles consistent en entier en idées symboliques. N'étant que le développement de nos idées les plus familières, tout leur mérite est dans la certitude ; et cette certitude reposant sur l'identité, dépend de la clarté seule. C'est ici que s'applique ce grand principe de la méthode de Descartes : *Ce qui est certain, c'est ce que je conçois clairement.* Euler disoit à un de ses disciples, qui lui proposoit je ne sais quelle difficulté sur une théorie de mathématiques pures : « Pour » résoudre une difficulté de ce genre, il suffit de la pro- » poser ; mais il faut le faire clairement, et voir vous-

§. 4.
La perfection à laquelle ces sciences peuvent atteindre dépend de celle des signes.

» même avec précision où est le nœud à délier (*) ». Or le caractère de la clarté est dans l'expression. C'est ici, mieux qu'en poésie ; c'est dans les objets de l'entendement, et non dans ceux de l'imagination, que se vérifie la maxime souvent répétée :

Ce que l'on conçoit bien s'énonce clairement.

Et réciproquement : *Ce qui est clairement énoncé doit avoir été bien conçu.*

On peut donc dire que le mathématicien n'atteint la certitude qu'il a en vue que par la rigueur de son expression. C'est par un juste emploi des signes, qu'il s'élève imperceptiblement de ses premières conceptions, ou de ses simples définitions, à toutes les conceptions qui en dérivent, et qui sont d'autant plus sublimes qu'elles s'écartent plus de l'apperçu particulier auquel se borne un esprit vulgaire. C'est ainsi qu'à la faveur de ses ingénieux symboles, il marche avec sûreté par des routes longues et difficiles, sûr de ne point s'égarer s'il est d'accord avec lui-même, et certain de cet accord tant qu'il peint correctement sa pensée. Plus les signes qu'il emploie sont parfaits, c'est-à-dire plus leur emploi est sûr et facile, plus aussi se perfectionne la science dont il fait son étude ; c'est-à-dire que, sans rien perdre du caractère de certitude qui lui est propre, elle acquiert une étendue et une généralité qui en font le principal mérite.

Note postérieure au concours.

(*) Cette réponse fut adressée, il y a quarante-cinq ans, à un jeune mathématicien, qui depuis a fourni avec honneur une carrière commencée sous les auspices d'un si grand maître. C'est mon savant collègue Bertrand qui l'a recueillie, et qui m'en a fait part ; c'est à lui-même qu'Euler donna cet avis judicieux : et il semoit dans une terre fertile.

De l'influence des signes.

Les premiers calculateurs se servirent de nombres concrets ; ils les enfermèrent ensuite dans un cadre, pour les élever à la dignité des nombres abstraits. Ils énonçoient des mots et des phrases qu'on peint aujourd'hui par un simple trait. Telle fut l'enfance de l'art. Tous ses progrès furent empreints dans ses symboles. L'art des signes et l'art de penser parurent en effet se confondre.

La géométrie, au premier coup-d'œil, semble dépendre moins de la perfection de ses signes : mais ce n'est ici qu'une trompeuse apparence. Cette science a deux espèces de signes, ceux qui ressemblent et ceux qui ne ressemblent pas à l'objet dont elle traite. Les premiers à la vérité (c'est-à-dire les figures) n'influent pas beaucoup par leur perfection sur celle de la science. Du moins à une certaine époque cette influence est peu sentie. Mais les seconds, qui sont les mêmes que ceux de l'algèbre (c'est-à-dire, le discours et les caractères symboliques) ont opéré dans la géométrie les mêmes effets que dans le calcul. Et de nos jours ces deux sciences, parvenues à leur pleine maturité, semblent en quelque sorte s'unir : comme deux branches sorties d'une même souche mêlent ensemble leurs rameaux et confondent leur double feuillage. La géométrie s'est emparée des signes les plus généraux ; et des hauteurs où elle plane, elle découvre des points de vue que ses figures ne peuvent atteindre. On diroit qu'elle est prête à les abandonner. Ce n'est pour elle qu'un premier échelon pour escalader le ciel. Il est du moins incontestable que l'emploi de la langue algébrique dans la géométrie a fait prendre à celle-ci un nouvel essor ; que c'est avec elle et par elle qu'elle a reçu ce haut degré de perfection auquel nous la voyons arrivée. C'est ainsi qu'en paroissant d'abord se refuser à nos principes, la géométrie, mieux encore que l'algèbre, les confirme et les munit du sceau de son imposante autorisé.

Ces vérités ont été toujours senties. Condillac les a pressées. Descartes les avoit apperçues. Sa méthode repose sur cette base, et s'applique immédiatement aux sciences mathématiques, dans lesquelles il avoit obtenu des succès qui avoient séduit son génie (11). Il l'étendit à d'autres sciences auxquelles elle étoit mal assortie, et cette cause influa beaucoup sur ses écarts. On en peut inférer qu'il importe à la recherche de la vérité, de faire un examen attentif de la nature de ces sciences-là et des moyens de les cultiver.

Il est temps de nous en occuper. Opposons à la vérité conditionnelle, celle qu'on peut nommer absolue, aux sciences de raisonnement pur, les *sciences de fait et d'expérience*.

§. 5.
Des sciences de fait d'expérience.

Il ne seroit pas inutile de tracer ici le tableau des sciences de cette nature. Car quoiqu'il existe dès long-temps un pareil tableau tracé par la main du génie, la distinction que j'ai en vue n'y est pas assez prononcée. Mais laissant de côté ce travail, qui me jetteroit loin de mon principal sujet, je me borne à la remarque suivante.

Les sciences absolues consistent en faits. Il s'agit de les recueillir sous la forme la plus propre à donner à la science de l'importance et de la certitude. Les faits se rapportent ou à l'existence ou à ses modifications. Je m'explique. Il suit de ce que nous avons dit ci-dessus, et il est d'ailleurs évident, que la nature n'offre immédiatement à nos sens que des individus. Or les objets individuels auxquels s'appliquent nos sens sont tantôt des objets permanens, ou que nous concevons comme tels, comme un certain homme, un certain arbre; tantôt des objets transitoires, comme un mouvement, un changement de forme. Les premiers sont des choses ou des substances; les seconds des phénomènes, ou des modifications. C'est du moins là une division qu'indique le langage, et qui est intimement liée à notre manière de concevoir. Toute science s'occupe de l'un ou l'autre de ces objets, qu'il est utile de ne pas confondre lorsqu'on observe leurs progrès. Dans ce qui va suivre, j'aurai sur-tout en vue les sciences philosophiques, qui s'occupent des objets naturels, et plus particulièrement celles qui font l'analyse des phénomènes ; sans cependant exclure aucune science de ce que je dirai de général. J'espère seulement par cette limitation être plus clair et plus bref. — J'entre maintenant en matière.

Le premier travail que la science nous impose, c'est de rassembler beaucoup de faits particuliers. L'art d'observer a deux parties, l'observation proprement dite, et l'art de faire des expériences. Chacune a ses règles générales et particulières.

La seconde opération de la science est une simple généralisation. On saisit des rapports entre les êtres, entre les faits, au moyen desquels quelques-uns d'eux prennent un nom commun. Les plantes formeront un nombre déterminé de classes, d'ordres, de genres, d'espèces ; les phénomènes électriques offriront des attractions, des étincelles, des influences. C'est à cette seconde opération que semble s'arrêter la science qui ne s'occupe que des substances, l'histoire naturelle proprement dite. La botanique, par exemple, distincte de la philosophie végétale, de la matière médicale et de la chimie, ne va pas plus loin.

La science qui s'occupe des phénomènes, fait un pas de plus. Elle compare les phénomènes généraux, et saisit entr'eux des rapports, souvent même des rapports numériques. Cette opération donne pour résultat ce qu'on nomme des *lois*. Car les lois sont en général des résultats de certains rapports. Or des rapports comparés, donnent pour résultats ce que les mathématiciens nomment des *proportions*. En sorte que l'expression la plus correcte des lois est une proportion exprimée en nombres. Il n'est pas toujours possible, et il est rarement facile d'obtenir ce dernier degré de précision.

Enfin les lois bien reconnues conduisent à la connoissance des causes ou des agens naturels, auxquels les phénomènes, ainsi classés, peuvent être attribués. Cette partie, qui est le dernier but que la philosophie se propose, est moins abstraite, mais non moins difficile que la précédente ; et toujours elle la suppose.

Tel est, si je ne me trompe, le tableau des opérations successives de la science dans la recherche de la vérité absolue. Observer, classer, poser les lois, chercher les causes. Voyons dans ces opérations, quelles sont celles sur lesquelles s'étend l'influence de l'art des signes.

§. 6.

Toutes les opérations par lesquelles ces sciences se perfectionnent ne dépendent pas également de la perfection des signes.

L'influence de cet art sur le procédé de l'observateur n'est pas directe, et ne peut être très-considérable. A moins d'abuser du langage, et de dire des choses inutiles et sans application; on ne sauroit affirmer que l'art d'observer se confonde avec l'art de parler ou d'écrire. Personne mieux que Condillac, n'a expliqué ce procédé de l'ame par lequel elle fixe un objet pour le considérer à part. Ce procédé est bien celui duquel, en dernière analyse, dépend l'origine du langage : car toute abstraction naît de l'attention, et tout vrai langage est abstrait. Mais ce procédé d'observation n'est pas lui-même un langage. Pourquoi donc réduire la science à n'être qu'une langue bien faite ? N'est-ce pas abuser des mots, et vouloir forcément rapporter tout à un même principe ?

Dès la seconde opération de la science, nous éprouvons la nécessité de perfectionner l'art des signes. Mais il y a ici une importante distinction à faire. Dans les sciences fondées sur le principe d'identité, telles que les mathématiques, il est plus facile de voir en quoi consiste la perfection des signes généralisateurs, que dans les sciences fondées sur la vérité absolue. Car comme dans les premières tout l'édifice repose sur nos propres idées, il ne s'agit que de les classer sous la forme la plus commode. Il faut donc que les mots et les signes de toute espèce se rapportent à ce but.

Aussi dans ces sciences-là met-on du prix à la régularité, à une sorte de symétrie, à l'élégance des formules. On y estime sur-tout une expression très-générale. Rien en effet n'est plus commode à cet égard, soit pour l'attention, soit pour la mémoire, que ce qui renferme, comme disoit Platon, la multitude dans l'unité.

Combien ce travail est-il différent dans les sciences absolues ! Dans l'étude de la nature, le goût de la symétrie trompe, et l'ambition de généraliser jette dans de grands écarts (12). Il y a ici d'autres règles à suivre. Les objets ne se classent point comme nos idées. Il s'agit de saisir des rapports fondés sur la nature des choses. Ce n'est point avoir créé une science que d'avoir tracé une nomenclature commode des phénomènes qu'elle rassemble. A l'instant où cette nomenclature sera achevée, un nouveau fait viendra la détruire (13). L'ordre de nos conceptions n'est plus ici notre seul guide. Le but change et se complique. Le système le plus simple est souvent le moins analogue aux vrais rapports qu'il s'agit de peindre. Il résulte de ces réflexions, que dans l'art de classer les choses naturelles, et en particulier les phénomènes, il faut sans doute faire usage de signes ou de langage ; et par conséquent aussi que la perfection du langage et de l'art des signes influe beaucoup à cet égard sur la perfection de la science : mais qu'à cet égard même, l'art des signes ne constitue point la science, et que la perfection de celle-ci dépend de quelque autre circonstance.

Et quelle est cette autre circonstance dont elle dépend ? Il semble qu'on peut répondre que c'est l'habileté de celui qui la cultive à saisir les rapports naturels qui existent entre les objets de son observation. Souvent une seule expérience les lui indique. L'expérience de la décomposition de l'eau, une fois admise, parut ouvrir un nouveau champ de vérités bien liées. L'expérience du prisme fut le germe de la théorie des couleurs. Lorsqu'il s'offre au génie quelque apperçu de ce genre, il est avide de s'en saisir. Plus l'expérience qui le lui fournit est simple, plus les découvertes qu'il fait naître excitent l'admiration. Prétendre que tout ceci n'est qu'une affaire de langage, que c'est par l'art des signes qu'on saisit de tels rapports, me paroît un abus de ce même langage auquel on veut tout rapporter. Je ne nie pas que le langage n'y serve, puisqu'il y a évidemment ici généralisation ; mais je nie que ce langage, devenu parfait, rendît la science parfaite. Car outre la multitude de faits particuliers bien observés que doit avoir rassemblés celui qui généralise de la sorte, il faut encore qu'il les unisse par certains rapports et non par d'autres. Il n'y a rien là d'arbitraire, et l'art des signes tout seul ne peut ici rien nous apprendre. Il faut pénétrer dans la nature intime des objets, et voir comment ils sont employés réellement dans l'ordre des choses existantes ; quels sont dans cet ordre-là les points de contact que l'observation peut saisir.

Passons à la troisième opération des sciences absolues, de ces sciences qui s'occupent des phénomènes, et où l'on se propose d'en déterminer les lois. C'est ici, je crois, que se vérifie le mieux cette assertion, trop universellement énoncée peut-être par de grands maîtres, que tout l'art de raisonner se réduit à bien faire la langue de chaque science. Car cette partie de la science participe à divers égards à la nature des sciences mathématiques, dont elle emprunte le secours.

Ce n'est pas que je croie que pour comparer les phénomènes généraux, et en déduire des lois, il ne faille qu'un langage parfait. Jetez les yeux sur les ouvrages de Keppler. Parcourez ses savans et laborieux tâtonnemens, et dites s'il ne lui manquoit qu'une expression correcte. Non, cette expression ne manquoit point à son génie. Chaque loi qu'il tentoit d'appliquer au système du monde étoit très-correctement exprimée ; mais long-temps il manqua la vraie, et ce ne fut que par des efforts répétés avec une inépuisable constance qu'il parvint à la rencontrer, et qu'il s'enivra enfin de ces jouissances intellectuelles qu'il dépeint si vivement et qu'il compare lui-même au ravissement d'un songe.

De l'influence des signes.

Mais, à la vérité, ce n'est qu'en vertu d'un langage parfait, qu'on parvient à énoncer les lois d'une manière pleine, intelligible et utile. Tant que l'expression reste au-dessous de la précision du langage mathématique, la loi ne se présente que sous une forme particulière et embarrassée. C'est ici que brille l'art des signes. Combien de circonlocutions ne faudroit-il pas pour remplacer l'énoncé si simple et si correct de ces mêmes *lois de Keppler* que je viens de rappeler? le seul mot *d'attraction newtonienne* réveille à l'instant l'idée de la loi des masses et de celle des distances. Combien ces points de vue sont profonds et ingénieux! et combien les termes qui les énoncent sont brefs et clairs!

Toutefois cette perfection même du langage a ses inconvéniens. L'esprit, séduit par ces formules concises et générales, s'accoutume à les envisager comme les lois, ou les décrets d'une raison supérieure; et le philosophe lui-même peut oublier quelquefois qu'elles ne sont qu'une simple généralisation des phénomènes. Il importe donc beaucoup en posant les lois, et sur-tout en en faisant l'application aux phénomènes de détail, de ne point étendre cette généralisation au-delà de l'expérience (14).

C'est sur-tout pour la quatrième opération de la science, que cette remarque a de l'importance. Pour déterminer une cause, pour reconnoître un agent, les formules qui dans leur enceinte comprennent tous les phénomènes doivent être pleinement expliquées. Mais aussi ce n'est sans doute que ce qui a été constaté par l'observation dont l'explication est requise, et nullement les résultats d'une généralisation arbitraire.

En général la recherche des causes exige beaucoup d'attention aux faits particuliers. C'est même par ces faits-là que l'esprit d'invention se déploie, et parvient, par une suite d'essais, d'exemples, de tâtonnemens, à des résultats intéressans. Cette partie de la science, la plus importante de toutes, dépend assez peu du langage. Elle le suppose sans doute, et par les opérations qui doivent toujours la précéder, et parce que sans langage il n'est point de raisonnemens distincts et soutenus. Mais les découvertes ne se proportionnent point ici à la perfection de l'art des signes. C'est un tout autre art que celui du philosophe qui remonte aux causes, qui reconnoît les agens secrets des phénomènes naturels ; et il y auroit un grand abus de langage à confondre sous une seule dénomination des opérations intellectuelles aussi distinctes.

§. 7.
Conséquences générales.

Cet exposé rapide du procédé par lequel on peut dans les sciences de divers genres remplir le but qu'elles se proposent, n'est pas très-favorable à l'opinion très-accréditée qui rapporte tout au langage ou à l'art des signes. Il est par là même peu propre à contenter ceux qui l'ont embrassée avec chaleur. Il a d'ailleurs contre lui, indépendamment de toute prévention, deux désavantages marqués. L'un, d'être exempt de paradoxe et de ne pas piquer la curiosité par des formules inusitées; l'autre, de ne proposer aucun principe unique et d'offrir l'aspect d'une généralisation timide. Mais je me persuade que les philosophes qui daigneront l'examiner, le trouveront fidèle et conforme à-la-fois au sens commun et aux principes les plus sûrs de tout langage simple et intelligible.

Il en résulte que ce seroit concevoir une fausse espérance que de s'attendre à rendre parfait l'art de penser, en se bornant à perfectionner l'art des signes. Sans doute ce dernier art est très-précieux par lui-même, et sa perfection influe beaucoup sur l'art de penser dans tous les genres; mais ce n'est que dans les sciences de raisonnement pur que l'art de penser est lié à l'art des signes au point de le suivre dans tous ses progrès.

§. 8.
Conséquences relatives à disputes savans.

Ceci conduit à quelques conséquences sur l'incertitude qui paroît régner dans quelques sciences et sur les partis qui les divisent.

De l'influence des signes.

De tout temps, les philosophes ont été frappés du contraste que présentent deux classes d'hommes également livrés à l'étude et animés en apparence des mêmes motifs. Les uns, patiens et tranquilles, cultivent la science qu'ils professent avec cette harmonie qui est le présage des succès. Semblable à l'abeille industrieuse, chacun d'eux apporte au dépôt commun le fruit précieux de ses pénibles travaux. Des principes, avoués de tous, servent de base au commun édifice qu'ils élèvent sous les auspices de la raison. Leur temps ne se consume point en d'inutiles débats. Le nom de secte leur est inconnu. La vérité brille pour eux de tout son éclat : rien ne lui ravit leurs hommages.

Les vérités mathématiques sont celles dont la recherche semble inspirer ce caractère. Elle forme une science paisible et sans orages.

D'autres sciences présentent un autre aspect. Ceux qui les cultivent, ardens à poursuivre la vérité, souvent n'en saisissent que l'ombre ; et chacun d'eux s'attachant à cet objet qui le séduit, accuse d'erreur tous ceux qui ne partagent point son délire. Ainsi naissent dans ces sciences de longues et inutiles disputes, entretenues par des sectes rivales, mal terminées par l'autorité de quelques noms fameux, et se rallumant sans cesse sous mille formes variées.

Les philosophes, frappés de ce contraste, ont dû tenter de l'expliquer ; ils ont dû chercher les moyens de rapprocher ces sciences querelleuses de celles où la vérité exerce en paix son empire. Et la première pensée qui a dû s'offrir à eux, c'est que rien n'est plus propre à produire cet heureux effet que d'introduire dans les signes qu'elles emploient, toute la perfection du langage mathématique. Car d'un côté ce langage a formé, pour ainsi dire, la science à laquelle il est propre ; et de l'autre, plusieurs sciences étrangères aux mathématiques doivent à la perfection des signes une partie de leurs progrès. Il est donc évident que les signes ont ici beaucoup d'influence, et il est important de diriger sur cet objet les recherches des hommes qui pensent.

Dans les mathématiques, cette influence est incontestable ; et puisque cette science dépend des signes à tous égards, comment ne leur devroit-elle pas l'avantage d'être exempte de vaines disputes ? Mais pour que cette influence soit pleine, il faut que l'emploi des signes soit aussi parfait que les signes mêmes. Ceci exige une explication.

La certitude sur laquelle cette science repose, a un caractère qui lui est propre ; et c'est de ce caractère que dépend la facilité d'y terminer ou d'y prévenir toute espèce de contestation. Le moyen d'arriver à ce but est d'user de signes parfaits. Cependant il semble quelquefois qu'on laisse les signes imparfaits, tandis qu'on éclaircit les points contestés, et il est certain qu'avec des signes pafaits on peut disputer encore (15). J'observe, sur le premier cas, que c'est en faisant emploi des signes connus qu'on les détermine : et pour le second, il ne prouve que le mauvais emploi des signes.

Toute dispute n'est ici qu'un abus de langage, et des signes bien déterminés suffisent pour prévenir cet abus : mais la grande difficulté n'est pas de faire cette détermination, c'est de s'y tenir. Les signes parfaits sont si généraux que souvent l'esprit les particularise sans s'en appercevoir. Avoit-on imaginé, par exemple, avant qu'Euler l'eût reconnu, qu'on employoit le mot *logarithme* dans un sens si étendu, que chaque nombre en a une infinité ? Et cependant quel mot plus fréquent dans l'usage de la langue mathématique ? Mais enfin, dans cette science, la perfection des signes et la perfection de leur emploi mettent la vérité à l'abri de toute atteinte, et la font recevoir sans contestation de tous.

N'omettons pas de faire mention d'une cause tout-à-fait indépendante des signes qui exerce ici son influence. Les objets des sciences sont quelquefois liés à des intérêts étrangers à la vérité, et la dispute n'est pas toujours du ressort de l'entendement. Des sciences abstraites, sur lesquelles l'imagination n'a point de prise, sont moins exposées à cette espèce de séduction. Parcourez au contraire les sciences dont l'objet se lie avec les opinions du jour. Ne les verrez-vous pas porter servilement leurs livrées ? Puisant leurs principes dans les conséquences, s'assortissant aux temps et aux lieux, fuyant l'aspect de la vérité qu'elles professent de servir, elles brillent dans des combats sans gloire, par un vain étalage d'érudition ou par d'artificieux mensonges.

Mais laissant à part ce qui tient à la volonté, et nous adressant à l'entendement pur, offrons à sa contemplation des sciences de fait et d'expérience, solides par leur objet, traitées avec candeur ; avons-nous lieu d'espérer que des signes exacts et parfaits préviennent toute dispute entre ceux qui les cultivent, et que la vérité y soit unanimement reconnue ?

Quoique la perfection des signes contribue beaucoup aux progrès de ces sciences ; elles peuvent encore, malgré cet avantage, être fort loin d'avoir acquis la perfection dont elles sont susceptibles. L'incertitude y peut régner à divers égards, et les vraisemblances y peuvent être d'une appréciation difficile. Ces sciences ne seront donc pas à l'abri des disputes qu'entraîne la diversité des jugemens qu'on porte sur les choses probables. On n'y préviendra pas le partage d'opinion.

Qu'il me soit permis d'emprunter de la médecine un exemple qui me paroît propre à éclaircir ma pensée. Cette science, dans aucune de ses parties, n'est exempte de contestation, pas même de sectes et d'anathêmes. En physiologie, par exemple, les uns envisagent comme volontaires des mouvemens que d'autres ne jugent point tels. Penseroit-on que cette dispute seroit terminée si l'on perfectionnoit le langage ? Croiroit-on qu'en expliquant mieux le mot *volontaire*, on conciliât les sentimens opposés ? Ou de quelle autre façon interpréterons-nous leurs systèmes pour n'y voir qu'une erreur de signes ? ce seroit mal connoître les opinions de ces physiologistes, que de réduire leurs discussions à de simples disputes de mots.

Dans les sciences de cette nature, des signes parfaits préviendroient sans doute plusieurs contestations oiseuses ; mais il n'y régnera jamais cet accord qu'on observe dans les sciences de pur raisonnement, parce que celles-ci dépendent des signes d'une manière plus exclusive et plus immédiate.

Il n'en est pas moins vrai que l'art des signes a sur l'art de rechercher la vérité et de l'exposer avec clarté, l'influence la plus évidente ; et cette remarque donne à la perfection des signes une très-haute importance. N'espérons pas, en corrigeant les signes mal faits, élever toutes les sciences au même degré de certitude ; mais ne négligeons aucun moyen de leur donner celui qu'elles peuvent atteindre.

Toutes les sciences ne sont pas susceptibles de démonstration ; les signes ne peuvent leur donner des qualités contraires à leur essence : et dans les sciences morales, par exemple, ceux qui ont affecté la méthode de la démonstration rigoureuse employée par les géomètres, n'ont réussi qu'à en montrer la disconvenance.

Je ne prétends donc pas indiquer quelque moyen de réduire toutes les sciences à une forme qui n'est propre qu'à quelques-unes d'entre elles, encore moins leur donner pour fondement une seule espèce de certitude, tandis que l'analyse de leurs principes nous force d'en reconnoître de plus d'une espèce : mais je me propose d'examiner quels sont les moyens de perfectionner un art dont l'influence est bien avérée, et qui joue un si grand rôle dans tous les phénomènes relatifs au développement de notre intelligence.

SECONDE PARTIE.

Comment on peut retirer de l'influence des signes tous les avantages dont elle est susceptible.

La logique des signes est d'une haute importance. En analysant avec soin les procédés des philosophes qui ont eu à cet égard les plus éclatans succès, on peut saisir certains résultats. Je vais présenter ceux qui me paroissent les plus certains et les plus usuels.

Première section.

Caractères des signes parfaits.

Avant tout, il importe de se faire une juste idée de ce qui constitue le mérite des signes, de ce qui peut autoriser à les appeler ou bien ou mal faits.

L'importance des signes dérive de leur origine. Les uns ont été inventés pour peindre les idées abstraites qui sans eux n'ont aucune réalité ; les autres pour fixer les idées individuelles qui n'ont d'ailleurs qu'une existence fugitive. Il n'est donc pas possible de soutenir dans sa pensée une suite d'idées, même de cette dernière espèce, sans faire usage de signes. En d'autres termes, sans signes on ne pense guère et l'on ne raisonne point, au moins d'une manière distincte.

L'office des signes est donc de soutenir dans la pensée une suite d'idées. De là il résulte que pour que ces signes soient bien faits, il faut que chaque signe corresponde à une idée distincte, et que la liaison s'opère entre les signes précisément comme elle s'opère entre les idées. C'est alors que (pour me servir des expressions de Lambert) la théorie des choses et la théorie de leurs signes peuvent être rigoureusement substituées l'une à l'autre. C'est alors que la clarté règne dans nos pensées, et qu'une suite permanente d'images nettes et lucides prend la place d'une suite mobile d'ombres incertaines.

L'art a donc ici deux parties : l'une se rapporte à l'invention du signe envisagé isolément; l'autre à l'emploi de ce signe envisagé comme lié à la suite dont il est un élément. Cette dernière partie est de beaucoup la plus difficile, et cette difficulté est ce qui a toujours ou découragé, ou frustré, les efforts de ceux qui ont aspiré à former une langue, ou une écriture, universelle.

§. 1.
Des signes isolés.

La première partie de l'art, celle qui concerne les signes isolés, exige un usage bien déterminé, ou des définitions précises. Elle requiert encore un système aussi facile à concevoir et à retenir que la nature de la chose le comporte. Elle veut enfin que les signes soient d'un emploi commode. Cette partie de l'art suffit aux nomenclatures, et toute simple qu'elle est, elle offre dans l'application de ses règles quelques remarques importantes (16).

§. 2.
Des signes liés.

La seconde partie, qui s'occupe de la liaison des signes, doit satisfaire à toutes les combinaisons possibles des objets qu'ils représentent. Ainsi la liaison de ces objets et leurs divers rapports doivent être exprimés pleinement, simplement, et de manière qu'on ne puisse s'y méprendre. Et si la grande généralité des signes donne lieu d'établir entre eux des rapports qui n'existent point entre les objets, il faut que cet abus des signes soit indiqué à un esprit attentif par un caractère sûr et non susceptible d'équivoque.

S'il faut confirmer ces règles par quelque exemple, il n'en est point de plus évident que le langage commun. Les mots pris isolément sont en général des signes clairs, fa-

De l'influence des signes.

ciles et commodes. Liés entre eux, il n'est aucun rapport qu'ils n'expriment ; mais ils ne l'expriment pas toujours de la manière la plus simple, et des liaisons contradictoires échappent quelquefois même aux esprits les plus attentifs (17).

En général les signes s'adressent à l'œil ou à l'oreille. Ce sont là les deux organes de l'intelligence ; le tact même n'est pour elle qu'un sens subsidiaire. Laissant à part le langage d'action, et nous attachant aux objets les plus importans, nous n'avons à considérer que deux espèces de signes : la parole et l'écriture.

Seconde section.

Du langage articulé.

§. 1.
Remarques générales.

J'ai déja remarqué que ses signes sont clairs, faciles et commodes. Les sons de la voix sont toujours prêts, toujours intelligibles, au milieu des ténèbres comme à la clarté du jour. Ils plaisent à l'organe auquel ils s'adressent ; ils peuvent être variés autant que l'exige le besoin et même le goût (18). Mais les diverses langues parlées ayant été formées au hasard, et créées par des hommes grossiers, se ressentent toutes plus ou moins de leur origine. Elles diffèrent aussi entre elles par diverses circonstances. L'une des plus importantes est le génie des peuples dont elles expriment la pensée. Aussi a-t-on employé ce mot même de *génie* pour caractériser leur nature. Ce seroit un travail bien utile que celui par lequel on élèveroit les langues inférieures au niveau des plus parfaites, et celles-ci au-dessus d'elles-mêmes. On ne le feroit pas sans ajouter beaucoup aux forces de l'intelligence ; et on lui fourniroit de nouveaux moyens de se développer encore. Si l'on entreprenoit ce travail, il est probable qu'on auroit en vue principalement de seconder les hommes occupés de la recherche de la vérité, et qu'il naîtroit ainsi dans chaque langue un idiôme savant, dont l'influence sur la langue vulgaire seroit lente et insensible. Moins cette séparation sera prononcée, et plus les lumières seront générales, mais plus aussi la science sera en danger de demeurer superficielle. Un milieu entre les extrêmes est ce qu'il faut saisir peut-être pour obtenir le but desiré.

L'espèce de révolution qui s'est opérée dans la langue des chimistes, est un exemple qui peut nous indiquer la marche à suivre en pareil cas. Quelque changement qu'on y fasse en vertu des nouvelles découvertes qui se succèdent avec rapidité, il sera toujours glorieux de l'avoir inventée, et d'avoir conçu le plan d'un système de mots en harmonie avec la nature. En considérant ce système, on voit que ses auteurs ont sur-tout altéré la terminaison des mots, et qu'ils ont à cet égard suivi l'analogie de la langue. Dans les autres changemens qu'ils ont introduits, ils ont eu recours à une langue étrangère, réputée savante, et qui, par une suite de circonstances rarement réunies, se trouve jouir de tant d'avantages, que depuis plus de vingt siècles elle est en possession de servir de modèle aux autres.

C'est donc en variant les terminaisons, qu'on réussira sur-tout à introduire plus de précision dans la langue, et à rendre tous ses mots plus significatifs. Lorsque cet expédient sera impraticable ou inutile, il paroît qu'on sera forcé de recourir à quelqu'emprunt. Mais remarquons que cette réforme ne porte jusque-là que sur des signes isolés. La liaison de ces signes est du ressort de la syntaxe. Celle-ci se règle sur l'ordre et la dépendance des idées, que modifient néanmoins l'usage et les habitudes.

Reprenons en peu de mots les divers chefs que nous venons d'indiquer, et formons-nous une idée de l'espèce de perfection dont le langage est susceptible, ainsi que des moyens de l'atteindre et d'en approcher.

§. 2.
Des élémens du discours.

En cherchant l'origine des mots, on est parti souvent de principes très-incertains. Le savant Gébelin parut avoir plus de succès, lorsqu'il dirigea ses recherches vers ce langage primitif dont les autres lui sembloient tous dériver. Il crut reconnoître les traces de ses antiques lois, et saisit quelques-uns des chaînons qui unissent le langage artificiel à celui que nous enseigne immédiatement la nature. Quelquefois à la vérité cette union est mal indiquée, l'imagination s'empare d'un sujet qui devroit être du ressort de la raison seule, l'érudition que le sujet exige surpasse les facultés d'un seul homme, et l'art étymologique laisse nécessairement un vaste champ aux conjectures arbitraires. Toutes ces causes d'erreurs n'empêchent pas d'y reconnoître quelques vérités, et d'y distinguer certains faits qui s'accordent heureusement avec les principes que la philosophie eût déterminés seule.

Tout, par exemple, nous porte à croire que les premiers radicaux ont été des monosyllabes. La langue chinoise est encore toute composée de pareils sons, et les langues de l'Orient nous y ramènent sans cesse. S'il a jamais existé une langue vraiment primitive (question que je ne touche point), c'est de ces simples élémens qu'elle a dû être formée. En effet, pour peindre une idée unique, et en particulier une idée individuelle et primitive, pourquoi employer plusieurs sons? La perfection d'un signe consiste en grande partie dans sa brièveté; car cette brièveté le rend plus commode et plus maniable (19).

La composition des mots a dû se faire comme la composition des idées; en rendant significatives les lettres mêmes qui unissent les syllabes entre elles : jusqu'à ce qu'enfin on ait remarqué que les rapports par lesquels s'unissent nos pensées, peuvent être classés sous un certain nombre d'espèces. Dès-lors on aura adapté à ces classes diverses terminaisons dont le son souvent répété, et devenu familier à l'oreille, aura peu à peu opéré des liaisons constantes.

Chaque monosyllabe et chaque mot composé qui le remplace par l'usage, devroit avoir, à ce qu'il semble, deux sens bien déterminés, l'un physique, et l'autre immatériel ; celui-ci fondé sur de justes analogies, et d'ordinaire sur quelque ressemblance entre la manière dont l'un et l'autre objet nous affecte. Ce mot devroit ensuite être soumis à diverses inflexions, qui, sans le dénaturer tout-à-fait, fissent passer l'idée principale par toutes les modifications qu'il peut être utile de lui donner. Est-ce une action? Le verbe qui l'exprime se modifiera en actif et en passif; il se modifiera même en diverses formes pour exprimer l'action réciproque, ou l'action souvent répétée. Les langues orientales ont conservé des traces de cet usage, qui n'est pas si étranger aux nôtres qu'on seroit tenté de le croire en ne consultant que leurs grammaires. Cette même racine autrement modifiée exprimera l'auteur de l'action, ou l'acte même et ses produits. Une langue très-régulière offriroit pour tous ses mots des cadres pareils, et une seule racine donnée, donneroit à la fois toutes ses inflexions. Mais les caprices de l'usage et l'inégalité des besoins rendent souvent ces formes méconnoissables. Il n'est point inutile de les analyser. Les bons écrivains en profitent. Ils rétablissent quelques inflexions oubliées, ou font revivre d'anciennes racines. Les poètes alors n'ont que d'heureuses hardiesses, et les philosophes ne s'écartent point de l'analogie (20).

Il importe de remarquer que toutes les langues étant plus ou moins imparfaites, toutes étant fort éloignées de cette forme idéale, rien ne peut être plus utile que de les comparer entr'elles. Elles peuvent se servir mutuellement de modèles. Toutes manquent de quelques inflexions, et leurs défauts ne sont point les mêmes (21). Ainsi l'une suppléant à l'autre, elles se communiqueront leurs richesses, et fourniront des expressions imprévues à ceux qui en éprouvent le besoin.

Mais c'est avec retenue qu'il faut créer des mots et même des inflexions inusitées. L'oreille et la raison prescrivent au jugement d'être ici fort sévère. Ce n'est pas toujours assez

De l'influence des signes.

de s'asservir aux règles de l'analogie la plus rigoureuse. Les points de vue particuliers sont saisis avec difficulté. Et souvent les définitions ne font qu'accroître l'obscurité. *Les mots*, dit Bacon, *engendrent les mots.*

Dans l'état actuel des langues, les signes isolés sont arbitraires : mais leur liaison ne l'est jamais. La terminaison, l'emploi de diverses particules, l'ordre et la place de chaque mot, sont destinés en chaque langue à peindre la suite de nos pensées et l'ordre des mouvemens de notre ame. Il en résulte à la vérité diverses formes grammaticales mais toutes déterminées et assujetties à des lois dont il n'est plus permis de s'écarter. Même entre ces diverses formes, il en est toujours une tellement propre à la pensée, qu'en bonne logique aucune autre n'est admissible.

§. 3.
De la liaison des mots.

Les idées qu'il s'agit de peindre existent à-la-fois dans l'esprit de celui qui parle. Forcé de les exprimer successivement, il doit le faire de manière à faciliter à l'auditeur la recomposition du tableau. Il faut des masses autour desquelles se rassemblent les objets ; des suites bien coordonnées dont l'ensemble soit facile à saisir. Les étrangers accusent notre langue de ne pas se prêter aux inversions, qui servent si utilement dans d'autres à mettre en avant le mot qui doit faire effet. Mais ce reproche, injuste à divers égards, prouveroit seulement que cette langue recherchant (22) surtout la clarté, sacrifie avec répugnance l'ordre logique à d'autres convenances, et cherche avant tout le sujet permanent sur lequel l'esprit doit se fixer. C'est le caractère d'un langage philosophique. Ceux qui parlent une telle langue ne doivent rien négliger pour lui assurer ce mérite qui lui est propre, et pour conserver à ses tours leur simplicité primitive. La poésie seule peut donner cours à des expressions nouvelles, et c'est par elle que le langage peut s'embellir ou se corrompre. L'office du philosophe est souvent de résister à ses séductions.

Pour obtenir dans la liaison des mots la perfection que nous avons en vue, il faut employer des moyens de deux espèces. Les uns sont généraux et applicables à toutes les langues. Les autres sont particuliers à chaque langue et assortis à son caractère. Les uns et les autres se réduisent au principe de la liaison des idées. Un grand maître a fait voir qu'on pouvoit en déduire toutes les règles du style. On y trouveroit aussi des moyens de simplifier ces règles, et d'en faciliter l'application.

Troisième section.

De l'écriture.

§. 1.

Remarque préliminaire.

Il n'est point après le langage d'instrument plus utile pour la pensée, que celui par lequel la parole même est peinte aux yeux. Il n'en est point auquel il importe plus de donner toute la perfection dont il est susceptible. L'ordre de succession par lequel on passe de la peinture des objets à celle des sons a souvent été remarqué. Nous trouvons en naissant l'écriture amenée à ce dernier terme, auquel chaque articulation a son signe, et il seroit inutile de proposer ici de légères améliorations, qui nous jetteroient dans une discussion minutieuse. Tournons nos regards vers un objet plus grand.

En considérant les signes de l'algèbre, et même ceux de l'arithmétique numérale, on est frappé de leur simplicité. On remarque d'abord qu'ils ont, par-dessus l'écriture commune, l'inestimable avantage d'être intelligibles à tous les peuples, quelle que soit la diversité de leur langage. Cet avantage, qui les rapproche de la peinture, fait regretter un instant les symboles et les hiéroglyphes qui rendent les objets sensibles. Et lorsqu'on vient à apprendre qu'à l'extrémité orientale de notre continent, on pratique de nos jours, et on a pratiqué de tout temps, une écriture qui à cet égard ressemble à nos chiffres (23) ; on se demande si

De l'influence des signes.

notre occident ne feroit pas sagement de l'imiter ? Cette question seule occupera notre attention.

Prétendre introduire cette réforme en abolissant l'écriture alphabétique, seroit une entreprise plus vaine encore que pernicieuse. Mais en laissant subsister cette écriture, établir à côté d'elle une espèce de chiffre commun à toutes les nations, destiné à certains usages, et dégagé de toute imitation du signe parlé, c'est un plan d'une toute autre nature, et qui ne doit pas être rejeté sans un sérieux examen. Dès qu'on s'écarte de l'écriture alphabétique, dès qu'on veut peindre à l'œil nos idées, on est appelé à choisir entre deux procédés très-différens qui peuvent conduire au même but. L'un consiste à employer des signes naturels; l'autre des signes artificiels. Les hiéroglyphes paroissent avoir été une écriture du premier genre. Et l'écriture chinoise, quoique bien différente des hiéroglyphes, a cependant quelque ressemblance éloignée avec les objets qu'elle veut peindre. La liaison des signes y est un objet d'étude, laissé en partie (à ce qu'il semble) à la pénétration du lecteur. Et les signes mêmes, quoique rangés avec art sous certaines clefs principales, sont si nombreux et tellement liés avec l'étude des choses, que les savans seuls, dit-on, en possèdent la connoissance. Il semble donc qu'on peut espérer plus de fruit d'une écriture symbolique purement artificielle. Cette écriture seroit un vrai chiffre dans lequel sous des signes arbitraires on classeroit toutes nos idées et toutes leurs innombrables liaisons. Tel est le but que s'est proposé l'auteur de la *pasigraphie*. Ce chiffre ingénieux dirige par un petit nombre de signes au mot que l'écrivain désigne, et la distribution des idées y est faite avec assez d'intelligence pour servir de fil dans ce labyrinthe. C'est sur-tout à simplifier la liaison de ces idées, ou ce que l'auteur nomme les *accessoires*, qu'il faudroit s'appliquer, si ce système d'écriture prenoit cours. Peut-être dans les inflexions des verbes,

§. 2.
De l'écriture symbolique.

dans les nuances des autres parties du discours qui modifient le sens d'une phrase , il seroit à propos de faire quelques sacrifices pour ne point trop multiplier les divers emplois des mêmes signes. Peut-être encore un tel système pourroit-il être amalgamé au système des signes naturels, et en recevoir quelque clarté. Je conçois du moins qu'en certains cas un trait de ressemblance joint au signe arbitraire soulageroit l'intelligence. Enfin, je dirai que quelque effort que fasse l'esprit humain pour atteindre en ce genre à l'universalité, il y a lieu de craindre qu'il n'échoue. Ce n'est pas seulement l'exemple des Leibnitz et des Wilkins qui m'inspire cette défiance (24). L'auteur que je viens de citer la justifie. L'ouvrage qu'il a entrepris, ainsi qu'il l'avoue lui-même, et comme le fait remarquer l'homme de lettres dont il a publié le jugement, n'est que le commencement d'un travail que doit achever le temps. Mais l'ouvrage du temps est insensible, et la méthode sera perdue avant d'avoir été pratiquée. On auroit plus de succès, si l'on se bornoit à un seul objet. Et je présume que c'est aux sciences que peut convenir un tel système.

Quatrième section.

De quelques systêmes de signes particuliers.

Pour éclaircir ma pensée, j'observe qu'il s'établit dans les sciences des usages dictés par le besoin, et que la logique devroit recueillir, afin de leur appliquer ses règles, et de donner ainsi une forme systématique aux productions irrégulières ou du travail, ou du génie.

§. 1. *Des signes mathématiques.* Qu'elle se dispense de corriger les signes mathématiques. La science qui les emploie se suffit à elle-même. Ses signes se perfectionnent avec elle. Et au point où elle est portée, elle n'a pas besoin qu'on lui trace la marche qu'elle doit suivre. Dans une autre période peut-être ce secours ne lui eût pas été inutile, et l'eût dégagée des entraves qu'elle ne put point secouer seule. Qui croira qu'il fût nécessaire que des Arabes vinssent apprendre à notre Occident l'usage d'un bon algorithme ?

Cependant aujourd'hui même, tandis qu'on s'occupe à établir par-tout une notation uniforme, comment néglige-t-on de proscrire, dans l'usage des livres et des inscriptions, cette informe notation romaine, de toutes la plus vicieuse ? Faut-il que la date même d'une institution savante et libre soit désignée à la postérité par des symboles d'asservissement et d'ignorance (25) ? (*)

Mais c'est dans les sciences d'un genre différent qu'il faut observer l'usage d'une écriture symbolique.

§. 2. *De quelques symboles usités dans d'autres sciences.*

Les chimistes ont eu de tout temps des signes de ce genre. Leur origine est obscure, mais leur emploi est clair, et à mesure que cette science a fait des progrès on a senti le besoin de l'étendre et de le perfectionner (26). Il pourroit naître de ces efforts une écriture chimique qui contribueroit efficacement aux progrès de la science.

L'origine des signes médicinaux est beaucoup mieux connue ; elle est même tout-à-fait évidente, puisque, comme dans l'algèbre appliquée, quelques mots y sont réduits aux

---

(*) *Note postérieur au concours.*

L'Institut même emploie cette notation. Ses mémoires, ceux de toutes les sociétés savantes, les inscriptions, les médailles, la rappellent et la consacrent. Cet usage est lié dans l'origine à la domination des Romains. Ils introduisirent leur langage dans toutes les provinces de leur empire, et leur firent adopter des signes qui y sont intimement liés ; signes qu'ils laissèrent toujours imparfaits, parce qu'ils ne se livrèrent point à l'étude des sciences exactes.

lettres initiales, d'autres à de courtes abbréviations. Et comme, par un ancien usage, les ordonnances sont conçues dans une langue savante, et n'emploient qu'un nombre de mots assez limité, il en résulte cet avantage, que ceux qui sont appelés à les lire et à les exécuter, n'ont besoin que d'entendre leur art, pour pratiquer en divers lieux, et pour interpréter des ordonnances étrangères. Il me semble qu'il ne faudroit que peu de travail pour conduire cette écriture à un assez haut point de perfection, et en former un chiffre parfait. A cette époque, il deviendra indifférent d'écrire dans une langue commune, ou dans plusieurs langues diverses.

Mais on ne sauroit dire en combien d'autres systèmes de tels symboles seroient utiles. On les a introduits dans l'histoire, ou du moins dans la chronologie. Je ne parle pas des signes de la dialectique aujourd'hui fort dédaignés. Peut-être la métaphysique n'attend-elle pour se fixer, que quelque effort heureux de ce genre qui donne à la méditation plus de prise, et rende, pour ainsi dire, palpables nos plus subtiles abstractions.

Parlerai-je des chiffres et des signaux, c'est-à-dire, des pasigraphies imparfaites, et des diverses télégraphies? Mais je n'ai pas formé le dessein de parcourir toutes les classes de signes. Un petit nombre d'exemples me paroît suffire.

Après avoir discuté et reconnu l'influence des signes, j'ai cherché les moyens de corriger les signes mal faits; j'ai donné pour cela quelques indications et quelques vues générales; et j'en ai fait l'application au langage et à l'écriture.

Je termine ici mon travail sur la question que j'ai entrepris de résoudre. J'ai suivi pas à pas la marche tracée par le corps savant qui l'a proposée, préférant volontairement cette espèce de contrainte, à une liberté dont l'usage m'eût entraîné dans de nombreux écarts.

NOTES.

(1) *Devant une sensation forte, une sensation foible est éclipsée et disparoît.*

Les étoiles disparoissent de jour. Les bruits légers ne frappent que dans le silence. Il est une lumière qu'on peut nommer insensible, parce que les hommes en général ne la voient pas et qu'il faut pour la leur rendre sensible les priver de l'éclat d'une lumière plus forte. Boerhaave atteste qu'un prisonnier plongé long-temps dans les ténèbres finit par s'y accoutumer tellement qu'il pouvoit lire sans lumière sensible. Boyle et Le Cat citent des exemples de même genre (*). Bacon avoit déja remarqué qu'il faut bien qu'il y ait quelque lumière insensible à nos yeux, puisque les chats et les hiboux voient clair dans ce que nous nommons les ténèbres (**). Tout récemment Rumford (Thompson) a prouvé que la flamme est parfaitement transparente, et que ce qui fait qu'elle ne nous paroît pas telle, c'est qu'elle éclipse par son éclat les objets placés derrière elle (***). Il faut déduire de ces effets ce qui dépend de la contraction de la pupille.

(2) *Voilà donc quelques idées qui, dès leur première formation, supposent le secours des signes.*

La sensation nous donne l'idée d'un objet qui n'est pas nous-mêmes. La connoissance qui nous est ainsi transmise se distingue de toute autre par la facilité avec laquelle elle

---

(*) Boerhaave, *Prælect. academ. cum notis Haller.* tom. 4, pag. 199. — Le Cat, *Traité des sens*, pag. 89.

(**) Baco, Verul. sylv. sylv. §. 866, cent. 9.

(***) *Trans. philosoph.* 1794, P. 1, p. 116.

s'acquiert, et par la rapidité de l'acte qui la suggère. Cette connoissance si promptement acquise, inséparable de la sensation dans notre état actuel d'existence, relative à un objet qui n'est pas nous-mêmes, devroit avoir un nom dans le langage philosophique. Je proposerois celui de *perception*, si ce mot n'avoit pris un autre cours. Lorsqu'une lumière frappe mes yeux, elle me réjouit, ou me blesse, par son éclat. Voilà la sensation. Je connois à l'instant qu'un objet, qui n'est point moi-même, et que j'appelle lumière, agit sur mon organe. Voilà la perception. « La sensation s'arrête aux » sens, la perception s'adresse à l'esprit (*). »

Les objets dont les sens nous donnent la perception ne s'offrent pas toujours à nous comme extérieurs. Il est même encore difficile, après tant de profondes recherches et de subtiles analyses, de dire avec précision comment cette notion, liée à celle d'espace, a pu s'engendrer en nous. Une secte hardie a coupé ce nœud (**) qu'il est sans doute beaucoup plus sage de délier. Ce n'est pas l'objet de mon travail actuel. J'énonce le fait sans l'expliquer.

La sensation est donc un plaisir ou une peine, et elle est accompagnée (ou suivie avec une rapidité infinie pour nous) d'une autre modification toute différente, qui est une espèce de ce genre que nous nommons connoissance ; et l'objet de cette connoissance est quelque chose qui n'est pas nous-mêmes.

Maintenant il est avoué entre les philosophes que l'affection de l'organe ne produit immédiatement que la sensation. La perception de l'objet en est pourtant le plus souvent inséparable. N'en doit-on pas conclure que la sensation fait office de signe à l'égard de l'objet qui la cause ? Et il n'im-

---

(*) *Synonymes de* Girard.

(**) *Imm.* Kant, *crit. rat. puræ doctr. elem.* part. 1, sect. 1. — Part. 2, *Axiom. vis.* — Et divers écrits de cette école.

porte nullement à la vérité de cette assertion que ce signe soit naturel, comme il l'est; ou qu'il soit le fruit d'une étude sentie, et en quelque sorte artificiel, comme semble l'être à certains égards l'étendue visible relativement à quelques objets tangibles, l'étendue à deux dimensions relativement à l'espace profond. L'un et l'autre n'en fait pas moins office de signe.

(3) *Il y a quelque lieu de douter qu'en ce cas au moins cette analyse soit suffisante.*

Selon Condillac, la comparaison n'est qu'une double attention. Et, selon ce même auteur, l'attention n'étant qu'une sensation, il en résulte, ainsi qu'il le remarque lui-même, que la comparaison consiste en deux sensations qu'on éprouve à-la-fois comme si on les éprouvoit séparées, et qui excluent toutes les autres.(*). Il semble donc, en admettant ce principe, que la comparaison entre deux objets individuels ne suppose pas d'abstraction. Mais je ne sais si cette analyse ne laisse rien à désirer. L'attention étant un acte soumis à l'empire de la volonté, et la sensation étant indépendante de celle-ci; je ne sais s'il est permis de les identifier. De plus, quand on croit que l'attention se partage entre deux objets, elle se porte d'un objet à l'autre par un mouvement rapide, et il est probable qu'elle n'en fixe jamais qu'un à la fois (**). Cette considération devroit entrer pour quelque chose dans l'analyse de la comparaison, et on devroit nous faire comprendre comment en fixant un seul objet, on le mesure par un autre. Un métaphysicien célèbre croit que le jugement est un acte simple et indéfinissable de l'intelligence (***). Cependant dès qu'on l'énonce

---

(*) Leçons préliminaires, art. 2, *Traité des sensations*, part. 1, chap. 2, §§. 1 et 2.

(**) Dug. Stewart, *Elem. of the phil. of hum. mind.* chap. 2.

(***) Reid. *intellect. Powers*, Essay 6, chap. 1.

il offre un acte de comparaison. Ne semble-t-il pas que la comparaison a besoin de signes au moins pour être reconnue ? Du moins dans le cas où l'esprit comparant ses sensations actuelles et passées, sent qu'il y a quelque chose qui est distinct de lui-même : dans ce cas, dis-je, il faut, à ce qu'il semble, quelque signe qui constitue la personnalité. Sans doute l'idée abstraite de personnalité, dégagée de toute idée sensible et particulière, ne peut exister sans langage. Mais on peut, sans langage, et à l'aide de simples souvenirs, avoir un sentiment obscur de personnalité. J'entends par-là une image, ou une impression renouvellée, à laquelle s'attache notre pensée, et qu'elle lie à la sensation actuelle. Et j'appelle ce sentiment *obscur*, parce qu'il est une expression tout-à-fait bornée et particulière d'une notion très-générale, et parce que le souvenir qui la conserve est foible, chancelant et mobile. On sait assez que pour avoir la connoissance soudaine ou la perception d'un objet qui fait impression sur nos sens, il faut avoir comparé. Ce que je dis pour le prouver n'est destiné qu'à rappeler les résultats d'une plus profonde analyse. S'il y a eu, ou s'il y a des sensations qui ne produisent pas cette perception-là (ce dont je ne doute point), je n'en parle pas ici. Mais dès qu'on admet qu'il y a une telle perception, on admet par-là même une distinction entre deux objets, dont l'un *est moi*, et l'autre *n'est pas moi*. Comment cette distinction peut-elle être sentie, si ce n'est par un acte de comparaison ?

Objectera-t-on l'extrême rapidité de la perception dont je parle, qui ne semble permettre aucun acte intermédiaire entr'elle et la sensation ? Cette difficulté n'arrêtera pas ceux qui ont réfléchi sur cet objet. Et sans pousser aussi loin l'analyse que plusieurs d'entr'eux ont pu le faire, il est facile de se convaincre de l'inconcevable rapidité de divers procédés de la pensée. En particulier remarquez comment, dans un instant sensiblement indivisible, l'œil juge avec précision de la distance d'un objet à lui. Il ne peut le faire cependant que par une assez longue suite de raisonnemens; mais dont à la vérité il a contracté l'habitude.

(4) *La même marche s'observe dans l'enfance des peuples.*

« La grotte particulière où le sauvage se retire, l'arbre
» particulier dont le fruit a soulagé sa faim, la source
» particulière où il s'est désaltéré, sont celles qu'il désigne
» par ces mots, *grotte*, *arbre*, *source*..... Lorsqu'une
» expérience moins circonscrite lui en fait remarquer d'au-
» tres, et qu'il éprouve le besoin de les nommer, il ne
» fait que transporter à ces objets nouveaux, les noms
» qu'il a attachés à des objets qui leur ressemblent. C'est
» ainsi que ces mots qui n'étoient d'abord que les noms
» propres de certains individus, deviennent des noms com-
» muns à une multitude d'êtres distincts. » (*)

« On peut appliquer ici, remarque un philosophe (**), une
» observation de Cook sur les insulaires de Wateeoo. « Les
» habitans, dit ce célèbre navigateur, craignoient de s'appro-
» cher de nos vaches et de nos chevaux, et ils ne sembloient
» s'en faire aucune idée. Quant aux chèvres et aux moutons,
» ces animaux ne passoient pas leur portée. Ils nous faisoient
» entendre qu'ils les reconnoissoient fort bien pour des
» oiseaux. Il paroîtra presque incroyable que l'ignorance
» humaine puisse aller jusqu'à faire une pareille méprise.
» Mais il faut remarquer que ces peuples ne connoissent
» que trois espèces d'animaux, les cochons, les chiens et
» les oiseaux. Et trouvant de grandes différences entre ces
» animaux étrangers et les deux premières espèces, ils en
» inféroient que ces animaux appartenoient à la dernière,
» dans laquelle ils savent qu'il existe une grande variété
» d'espèces. »

(*) Smith, *Diss. on the origin of languages.*

(**) D. Stewart, *Elem. of the phil. of hum. mind*, chap. 4.

Ajoutons à cette remarque, continue le philosophe que je cite, que l'erreur de ces insulaires ne consistoit pas sans doute à croire qu'une chèvre ou un mouton ressemble plus à un oiseau qu'à un quadrupède, mais qu'elle étoit purement nominale. Il est très-probable en effet que dans leur langue il n'y a aucun mot générique commun aux deux uniques espèces de quadrupèdes qu'ils connoissent, et que ce nom de *quadrupède* n'a chez eux aucun analogue. Au lieu que la variété des espèces d'oiseaux a engagé ces insulaires à leur donner un nom commun, auquel ils doivent naturellement rapporter tout animal inconnu, pour lequel ils n'ont point de nom propre ou spécifique.

(5) *Un principe vainement contesté dans des temps qui sont loin de nous.*

Les *idées* de Platon, les *formes* d'Aristote, les *essences* des scholastiques, les querelles des *réalistes* et des *nominaux*.. Tels sont les faits que je rappelle à l'attention du lecteur. Le savant professeur Meiners a profondément discuté ce qui concerne ces deux sectes du moyen âge (*). Et un auteur que j'ai déja cité a lié habilement tous ces faits, et a montré qu'il reste encore dans la philosophie quelques traces de ces opinions qui semblent tombées dans l'oubli. Ce même philosophe insiste sur un moyen de jeter du jour sur la question des idées universelles dont étoient privés Roscelin et Abélard, et qui est aujourd'hui à la portée de tout le monde : l'exemple des signes algébriques, et de leur emploi (**). Tout ce point d'histoire de la philosophie est extrêmement curieux, quoique mêlé de recherches d'érudition et fortement empreint de la couleur du temps auquel il se rapporte. N'ayant rien d'essentiel à ajouter à ce qui a été dit par d'autres sur ce sujet, je me borne à ces indications.

(*) *Gotting. Comment.* ad 1793 et 1794, tom. 12.
(**) D. Stewart, *Élem.* etc. chap. 4.

Notes.

(6) *L'objet unique de toute idée générale.... ne peut être qu'un signe.*

J'évite des détails connus. Condillac établit d'abord qu'il n'y a point d'idée de nombre sans signe. Et en effet l'idée de nombre est abstraite. Il fait voir ensuite que les idées complexes exigent des signes. En effet les idées complexes que nous nous faisons sans modèles, comme sont, par exemple, les idées morales des vices et des vertus, sont évidemment abstraites et n'ont d'autre appui que le signe qui les exprime. (*).

Quant aux idées que nous nous formons d'après des modèles, comme celle de l'*or*, par exemple : il me semble que cet auteur qui en développe ailleurs si nettement la formation (**), n'indique pas la principale raison qui rend ici le signe nécessaire. Les substances de cette nature s'offrent à la contemplation de l'homme long-temps avant qu'il les analyse. Il leur donne un nom simple, quoiqu'elles soient composées. Et long-temps après il s'occupe à énumérer leurs propriétés. Le signe lui est nécessaire long-temps avant qu'il connoisse en détail la chose signifiée. Et la vraie raison pour laquelle il ne peut s'en passer est moins la complexion de l'idée, que le peu de vivacité de l'image qui la lui rappelle. Cela est si vrai, que d'un côté cette idée n'est pas très-complexe, et que de l'autre, une idée sensible plus simple n'a pas moins besoin de signe. Une couleur déterminée est une idée simple. En vain voudroit-on l'employer sans signe. C'est précisément celle qui échappe le plus à la pensée (***).

(*) *Art de penser*, chap. 6.

(**) *Origin. des connoiss. hum.* part. 2, sect I, chap. 1. — *Traité des sensations*, part. 4, chap. 6.

(***) Ce principe est celui de Lambert (*Alethiologie*, §. 15 et suiv.), et je l'ai employé avec ses développemens au commencement de ce mémoire.

Au reste il est facile de voir que la distinction entre les idées qui ont un modèle et celles qui sont formées sans modèles n'a aucun rapport avec la distinction entre les signes ressemblans et non-ressemblans, à laquelle je me suis attaché, et que j'ai jugé utile d'introduire dans cette matière. Si j'en ai négligé d'autres, ce n'est pas que je n'en fasse cas. Mais j'ai dû préférer mon point de vue, et ne pas faire reparoître sans nécessité toutes les pensées d'autrui.

(7) *Les questions suivantes, etc.*

Le langage d'action qui dans l'origine remplace, et dans la suite accompagne celui des sons articulés, est susceptible d'une grande perfection. Le geste et la pantomime en dérivent. L'art d'instruire les sourds et muets en emprunte le secours. L'influence de ce langage sur la formation des idées, semble cependant limitée en comparaison de celle du langage parlé. Et il n'y a qu'un talent distingué qui puisse suppléer par le premier à tous les moyens que le second nous offre pour perfectionner notre intelligence. Cela semble tenir à deux causes ; l'une de ces causes, c'est que les signes du langage d'action conservent toujours quelque ressemblance avec l'objet qu'ils doivent peindre. C'est même cette ressemblance qui, sous un autre rapport, en fait le mérite. Ils doivent donc être plus propres à l'imagination qu'à l'entendement. L'autre cause de l'infériorité du langage d'action, c'est qu'il sera toujours beaucoup moins cultivé que la parole. S'il n'y avoit point d'école pour l'enseigner, réduit à ses propres forces, il ressembleroit à la langue la plus bornée dont on puisse avoir l'idée, à la langue de quelques individus. Il y auroit pour tous quelques signes naturels communs. Mais les signes d'institution, qui en dernier résultat forment la langue presque entière, varieroient dans chaque famille. Quelques leçons communes et les méditations des philosophes sur les principes de ce langage, tendent à lui donner plus de base et à rapprocher ses signes discordans. Mais que ces moyens sont petits, comparés à ceux par lesquels les hommes qui parlent atteignent le même but ! Ce n'en est pas moins un travail fort utile, non-seulement à ceux pour lesquels il est immédiatement entrepris, mais même à tous ; et sans parler des motifs respectables qui soutiennent le zèle de ces habiles instituteurs et consolateurs des muets, ils rendent à la philosophie un service important, en lui offrant de nouvelles applications de ses principes.

J'ai omis une autre question relative à l'influence des signes, ou du moins qui y touche de près. Quelle est la différence que met entre les hommes l'habitude des idées générales? Sous ce chef, s'offriroit l'analyse des facultés de l'homme qui a vécu quelque temps privé de langage. Les enfans sauvages de Champagne, de Lithuanie et le muet de Chartres devroient être cités ; et il faudroit répéter presque tout ce qui a été dit sur ce sujet (*). C'est ce que je m'abstiens de faire.

(8) *C'est une distinction importante que celle qui sépare la vérité conditionnelle de la vérité absolue.*

La vérité conditionnelle est celle qu'on exprime par une proposition conditionnelle, et qui n'affirme rien que par relation à une autre proposition exprimée ou sous-entendue. Il n'importe point à la vérité conditionnelle que l'hypothèse dont elle part soit vraie ou fausse. Tout ce qu'elle requiert, c'est qu'elle en soit une conséquence légitime.

La vérité absolue s'exprime par une proposition catégorique, qui n'admet point de *si*, qui ne dépend point d'une autre proposition. C'est une vérité qui existe par elle-même d'une manière indépendante.

(*) Condillac, *Art de penser*, chap. 7. — *Orig. des connois. hum.* part. 1, sect. 4, ch. 2, §. 23. Voyez aussi Dug. Stewart, *Elem. of the phil. of hum. mind.* ch. 4, S. 7 et 8.

Par quels moyens parvenons-nous à la connoissance de l'un et de l'autre de ces deux genres de vérités ? Quels sont les caractères auxquels on peut les reconnoître ?

Quant à la vérité conditionnelle ou d'hypothèse (qu'on appelle aussi quelquefois vérité de conséquence), nous en jugeons par un seul moyen. Elle n'a qu'un caractère. La conséquence d'une vérité n'est que cette vérité elle-même présentée sous un autre aspect, (par exemple, un cas particulier extrait du cas général). Ainsi le seul moyen de nous assurer qu'une conséquence est légitime, consiste à vérifier si elle est contenue toute entière dans le principe. *L'identité* : tel est le caractère qu'il faut saisir pour établir la vérité conditionnelle.

Pour la vérité absolue, nos moyens sont divers. C'est une vérité absolue qu'on énonce quand on dit, *je souffre*. C'en est aussi une que celle-ci : *Rome est une ville célèbre*. Et ces deux vérités sont établies sur des fondemens très-différens.

Pour abréger cette analyse, je dirai que je divise ces moyens en médiats et immédiats : et que je les réduits aux cinq suivans ; le sentiment interne et externe, la mémoire, le témoignage et l'analogie. Ce dernier mot exigeroit quelques explications que j'évite. Je remarquerai seulement que je m'assure, par un raisonnement assez simple, qu'il n'y a rien d'omis dans cette division : mais elle peut aisément paroître défectueuse lorsqu'on n'en suit pas le développement. Je m'abstiens de la justifier et de la comparer à d'autres. Ce seroit une espèce d'écart.

En rapportant les sciences à ces divers moyens de connoissance, on peut les désigner par celui de ses principes dont elles font le plus d'usage. C'est ainsi que l'histoire occupe principalement la mémoire, et que la contemplation de la nature occupe sur-tout les sens.

(9) *Fixons nos regards sur les deux branches mères de l'arbre de la vérité.*

« L'art de penser seroit-il parfait, si l'art des signes étoit
» porté à sa perfection ?

» Dans les sciences où la vérité est reçue sans contesta-
» tion, est-ce à la perfection des signes qu'on en est re-
» devable ?

» Dans celles qui fournissent un aliment éternel aux
» disputes, le partage des opinions est-il l'effet nécessaire
» de l'inexactitude des signes ? »

J'ai changé l'ordre de ces questions, parce qu'il m'a paru que la division des sciences que j'indique, jetoit du jour sur ce sujet. C'est à développer le progrès des sciences par les signes que je me suis attaché. Si j'avois suivi une autre marche, peut-être aurois-je couru risque d'être arrêté par l'embarras de donner un sens bien déterminé à ces mots : *l'art de penser.*

Au premier coup-d'œil, rien ne semble plus propre à limiter le sens dont ces termes sont susceptibles, que le choix qu'en a fait un philosophe aussi judicieux que correct pour désigner un de ses plus importans ouvrages. Mais j'ai éprouvé avec quelque surprise que mon attente à cet égard n'étoit pas remplie. Cependant il m'est resté de cette petite recherche la conviction que je n'avois point fait d'écart.

Dans le titre de ses traités, ce philosophe distingue l'art de raisonner de l'art de penser. Voici ce qu'il dit du premier dans le cours de la discussion : « L'art de raisonner
» n'est dans le fond que l'art de bien observer et de bien
» juger (*). » Puis en ouvrant ce champ de recherches, il s'exprime ainsi : « Jusqu'ici j'ai essayé de vous faire rai-
» sonner, il s'agit aujourd'hui de vous montrer tout l'art
» du raisonnement. Voyons donc quels sont en général les

(*) *Cours d'études, Disc. prélim.* pag. 33.

» objets de nos connoissances, et quel est le degré de cer-
» titude dont ils sont susceptibles (*). » Ce traité, comme
il nous l'apprend lui-même, « a pour objet de mettre sous
» les yeux de son élève une partie des découvertes des phi-
» losophes. » Il envisage le raisonnement dans ses applications intéressantes, « parce que, dit-il, il ne conçoit pas
» de quelle utilité il est de raisonner, quand on ne pense
» pas à faire des découvertes, ou à s'assurer des découvertes
» des autres (**). » Cet art de raisonner, enfin, ne diffère
de l'art de juger en matière de goût que par l'objet qui est
plus grave. C'est l'art d'appliquer le raisonnement à la
pilosophie.

Quant à l'art de penser, quoique nous commencions à
le connoître dès que nous commençons à faire usage de nos
sens, cet art ne peut être connu dans toute son étendue
qu'après qu'on a porté jusqu'au point de perfection l'art de
parler, d'écrire et de raisonner. Telle est l'opinion de Condillac. Cet art de penser, dont il a fait un traité à part,
n'est, selon lui, qu'un dernier développement des observations qu'on a faites en étudiant les trois autres.

« Au reste, ajoute-t-il, l'art de parler, l'art d'écrire,
» l'art de raisonner et l'art de penser, ne sont dans le
» fond qu'un seul et même art (***). »

Cette dernière proposition n'est presque pas différente de
celle que l'Institut a mise en question. Mais quel que soit
le jugement qu'on en doive porter, il est sûr au moins
qu'ici l'art de penser est pris dans un sens, qui, quoique
fort indéterminé, le présente comme l'agent et l'instrument
de la science ; et à l'époque où celle-ci a fait assez de progrès pour se diviser en diverses branches, on ne peut se
faire une autre idée de cet art. C'est l'art de voir la vérité.

(*) *Art de raisonner*, pag. 2.

(**) *Disc. prélim.* pag. 32.

(***) *Ibid.* pag. 34.

Ceci n'est point une raison de croire que Condillac ait eu tort d'employer ce mot comme il l'a fait, ou que l'objet de son ouvrage ne soit pas déterminé avec précision. Ce n'est pas là ce dont il s'agit en ce moment.

(10) *La méditation seule........ Quelques machines.*

En condensant en quelque sorte toute la capacité humaine sur une seule intelligence, qui ait seulement l'idée de l'espace et l'usage des signes ; on verra que, seule et sans aucun secours (pas même celui des figures), elle pourroit inventer les mathématiques. Elle n'auroit besoin ni d'yeux ni d'oreilles pour cela. Un élément de cette conception se trouve dans les prodiges qu'on raconte de certains hommes qui, comme Pascal ont deviné sans maîtres une assez longue suite de propositions.

Les machines qu'on pourroit concevoir donneroient d'étranges résultats. Celles qu'on a conçues et réellement exécutées, sont déja assez extraordinaires. Celle de Pascal, simplifiée par Leibnitz, faisoit les multiplications jusqu'à la douzième figure. Les logarithmes sont une espèce de machine.

(11) *Des succès qui avoient séduit son génie.*

Quand on examine les quatre règles auxquelles Descartes réduit sa méthode (*), on trouve qu'elles s'appliquent très-bien à l'étude des sciences qui reposent sur la vérité conditionnelle. Appliquées à la vérité absolue, et en particulier à l'étude de la nature, elles paroissent défectueuses. Aucune ne se rapporte aux principes de l'art d'observer. Il ne dit rien de l'art de généraliser les phénomènes, rien sur les lois de la nature, rien qui ressemble aux règles que Newton s'est tracées sur la simplicité des causes et sur l'emploi de l'analogie (**).

(*) *Discours de la méthode.*

(**) *Princip. Reg. philos.*

Quoi de plus naturel! Descartes venoit de faire faire aux mathématiques un pas dont il sentoit l'importance. Il les envisagea sous leur forme la plus abstraite, et fournit, en appliquant l'algèbre à la géométrie, de nouveaux secours à l'intelligence. Est-il étonnant qu'il ait tenté dans d'autres sciences une méthode qui lui avoit si bien reussi? A l'époque de ses brillantes découvertes, ou plutôt de ses ingénieuses inventions mathématiques, il vivoit solitaire en Allemagne, nourri de ses propres méditations; et ce fut dans l'espace de deux ou trois mois qu'il parvint à cette heureuse et belle généralisation. Dès-lors il espéra de vaincre de même les difficultés d'un autre genre. Et lorsque neuf ans après il s'occupa du système du monde, et de l'homme et de la nature; cette méthode de supposition qui l'avoit si bien servi ailleurs, s'offrit d'elle-même à son esprit, et le jeta dans de grands écarts. « Je me résolus, dit-il, de laisser tout ce
» monde ici à leurs disputes, et de parler seulement de ce
» qui arriveroit dans un nouveau, si Dieu créoit mainte-
» nant, etc....... » Et plus bas. « Je me contentai de sup-
» poser que Dieu formât le corps d'un homme........ qu'il
» excitât dans son cœur un de ces feux, etc. (*) ». Ces erreurs, mêlées de recherches utiles, firent penser. Il excita la curiosité. Il encouragea les expériences. Il inspira de la hardiesse. Il franchit enfin une partie de cet espace mêlé d'ombres et de lumière, qui sépare l'homme de la vérité. Il seroit injuste de lui imputer de n'avoir pas évité des écueils qui se trouvoient sur sa route. Mais il faut les signaler. Et il y a quelque importance à suivre de l'œil les traces du génie qui s'égare. On le voit d'ordinaire ferme et conséquent dans sa marche, tirer de ses principes tout ce qu'ils contiennent; toute l'erreur, toute la vérité.

C'est ainsi que Descartes ayant résolu de se faire une

(*) *Ibid.*

méthode fondée sur les mêmes principes dont il avoit fait l'emploi le plus heureux, prit pour base de ses raisonnemens une vérité d'hypothèse. Il contempla une conséquence, une proposition conditionnelle. Sentant que la seule clarté lui donnoit un caractère de certitude, il s'en tint là, résolu de croire tout ce qu'il concevroit clairement. « Et ayant
» remarqué qu'il n'y a rien du tout en ceci, *je pense*, *donc*
» *je suis*, qui m'assure que je dis la vérité, sinon que je
» vois très-clairement que pour penser, il faut être : je jugeai
» que je pouvois prendre pour règle générale, que les choses
» que nous concevons clairement et fort distinctement sont
» toutes vraies (*). » Il ne manqua point de faire usage de ce principe pour établir l'immatérialité de l'ame et l'existence de Dieu.

Mais ce principe n'est bon que pour la vérité conditionnelle, comme je le prouverois s'il en étoit besoin, et si cette note n'étoit déja trop longue, et trop étrangère en apparence au sujet principal de ce discours. Je dis en apparence seulement ; car rien n'est plus essentiel, à mon avis, pour toute la théorie des signes, que de bien établir la distinction entre les deux genres de vérité. Et j'ai beaucoup sacrifié à cet objet, aimant mieux fortifier cette partie aux dépens des autres. L'exemple de Descartes m'a paru propre à y ajouter quelque intérêt : et il me semble étonnant que la remarque que je viens de développer n'ait point encore été faite. Comme aussi je ne puis m'empêcher de témoigner quelque surprise de voir dans une suite d'écrits postérieurs à Descartes le principe de la clarté comme base de la certitude, et le raisonnement et l'exemple sur lesquels Descartes l'appuye, cités avec confiance, et sans égard à la distinction qui seule les rend admissibles.

Enfin Condillac vint, qui discuta ce principe et nia son

(*) *Discours de la méthode.*

universalité (*). Il le restreignit même au point d'en rendre toute application inutile. Ce jugement est trop rigoureux. La limite que j'ai posée est destinée à le modifier. Le principe est bon ou mauvais, utile ou inutile, selon le genre de science dans lequel on l'emploie.

(12) *Dans l'étude de la nature, le goût de la symétrie trompe, et l'ambition de généraliser jette dans de grands écarts.*

Le premier écueil est celui contre lequel donnèrent ces anciens philosophes qui rapportoient tout à un nombre favori, quatre élémens, quatre vertus, etc. L'autre écueil est plus dangereux. Les scholastiques généralisoient sans fin : c'est l'objet presque constant des reproches que leur fait Bacon. Descartes eut le même goût pour les idées générales. Quelques phénomènes imparfaitement étudiés lui firent poser un principe unique pour toutes les lois du mouvement, une seule qualité essentielle pour les corps, etc. Et de nos jours encore plusieurs exemples prouvent que l'ambition de généraliser est un écart fréquent et dangereux pour le génie. Je demande si ces philosophes qui, comme Boscowich, par exemple, se sont efforcés de rapporter à l'attraction les phénomènes de l'impulsion, n'ont pas fait aux conceptions communes une sorte de violence ; et si, après beaucoup de raisonnemens, ils ne nous laissent pas où ils nous ont pris ? Les monades sont en ce genre un exemple d'autant plus frappant, qu'elles sont le produit de la généralisation la plus étendue dont on puisse concevoir la pensée.

(13) *A l'instant où cette nomenclature sera achevée, un nouveau fait viendra la détruire.*

Qu'on vienne à établir l'existence du phlogistique, ou qu'on découvre un acide sans oxigène, la nouvelle nomenclature chimique sera ébranlée dans ses fondemens. Ce

---

(*) *Traité des Systêmes*, chap. 6, art. 2.

n'est donc pas cette nomenclature qui a fait la science. C'est la découverte du procédé de la combustion et de toute espèce d'oxidation qui la fonde. Il y a beaucoup de mérite sans doute à proposer une nomenclature claire et simple. Mais si cette nomenclature, dans les sciences absolues, n'est pas un énoncé des rapports naturels, elle devient inutile, ou même nuisible.

(14) *Il importe de ne point étendre cette généralisation au-delà de l'expérience.*

Premièrement donc, c'est un travail vain que de prétendre reconnoître les causes avant d'avoir reconnu les lois. C'est un des principaux résulats de la logique de Bacon, que Newton a si heureusement réduite en pratique.

En second lieu, en établissant les lois, il faut marquer leurs limites; et c'est l'expérience qui les indique. C'est ainsi que Newton ayant établi la loi que suit l'attraction, relativement aux masses, a grand soin de remarquer que cette loi n'est vérifiée qu'à un millième près (*). Jusqu'à quel degré de précision cette preuve a-t-elle été portée dès-lors? A peine aucun physicien songe-t-il à s'en assurer exactement. Il est sûr néanmoins que la loi n'existe pour nous qu'autant qu'elle est prouvée, et qu'en conséquence nous devons réserver un doute pour les cas que cette preuve n'atteint pas.

Enfin troisièmement, dans la recherche des causes, on doit avoir en vue l'explication pleine des lois; mais des lois exactement limitées par l'expérience. Si, par exemple, l'action, d'ailleurs bien établie, d'une cause ou d'un agent quelconque modifioit la loi que je viens de citer; avant de déclarer qu'il y a contradiction entre les deux faits, il conviendroit d'examiner si l'un de ces faits (la loi) n'est point trop généralisé. Car si la loi peut subsister telle que

----

(*) *Princip.*, liv. 3, p. 6.

l'expérience la prouve, nous ne devons pas opposer à des faits probables une généralisation arbitraire.

Cette partie de la méthode est aujourd'hui traitée trop légèrement dans les logiques les plus estimables.

(15) *Il semble quelquefois qu'on laisse les signes imparfaits, tandis qu'on éclaircit les points contestés, et il est certain qu'avec des signes parfaits on peut disputer encore.*

Les lettres de Newton à Bentley nous offrent un exemple du premier genre. On y voit ce philosophe éclaircir fort nettement certaines questions relatives à l'infini mathématique, en apparence sans perfectionner aucun signe. Mais si l'on y prend garde, on verra qu'il écarte un faux sens attribué au mot *nombre*. Et par conséquent ce n'est qu'en donnant à ce signe une nouvelle précision qu'il atteint le but désiré.

Les disputes de Jean Bernoulli et de Leibnitz sur la nature réelle ou imaginaire des logarithmes des nombres négatifs, sont un exemple de l'insuffisance des signes parfaits pour terminer une dispute de mathématiques. Ni la notation de ces quantités, ni la langue mathématique n'ont été changées, quand Euler a prononcé dans ce grand procès. Mais il est vrai qu'il n'a fait autre chose que de diriger l'emploi du signe, en avertissant de ne pas particulariser un mot fort général.

(16) *L'application de ses règles.*

Tentons une application de la seconde des trois règles indiquées. Cette règle porte que le système des signes doit être aussi facile à concevoir et à retenir, que la nature de la chose le comporte. Prenons pour exemple la botanique, et voyons ce qui manque à ses noms pour satisfaire à la règle proposée.

Les objets de cette science sont rangés dans l'ordre le plus heureux. Mais les signes ou mots qui les désignent, ne peignent cet ordre que très-imparfaitement. Ainsi dans le système de Linné, les noms des classes et des ordres sont expressifs : mais ceux des genres et des espèces, souvent n'expriment rien, et souvent expriment des objets ou des qualités étrangers au système. Enfin lorsque ces mots sont significatifs et conformes au système, ils sont encore inutiles à ceux qui n'entendent point la langue dans laquelle on les énonce. Exprimés en latin, ils ne sont entendus que des savans. En langue vulgaire, ils exigent autant de traductions ou de nouvelles nomenclatures que de langues. Il semble donc incontestable que cette science, si perfectionnée à d'autres égards, n'est pas à l'égard des signes tout ce qu'elle pourroit être. On peut concevoir un moyen de l'améliorer. Est-il praticable, et jusqu'à quel point ? C'est ce qui doit être laissé au jugement des experts (*).

Si dans tout nom de plante, la première lettre de chaque syllabe étoit significative ; les noms de plantes auroient tous quatre syllabes, dont la première désigneroit la classe, la seconde l'ordre, la troisième le genre, et la quatrième l'espèce. Mais outre que ce système de signes pourroit être trop borné, il seroit difficile d'y varier assez les noms pour les rendre facilement reconnoissables.

On pourroit, en se rapprochant de la nature, multiplier et diversifier ces symboles. Il y a des classes et des ordres que le nombre seul détermine. Ces divisions se prêtent sans effort au système de signes que je viens d'indiquer. Pour les autres, il faudroit que les signes fussent combinés de manière à indiquer d'autres rapports. Cette circonstance seule introduiroit quelque variété.

Si (selon l'usage actuel) on supprimoit dans l'énoncé la

(*) V. Lambert *Semiotik*. Les objections qu'on peut faire contre toute langue universelle, et qu'a pesées Michaelis dans sa dissertation *sur l'influence des opinions sur les langues*, etc., exigent seulement quelques limitations précises. Au reste je cite cette dernière dissertation sur parole, n'ayant pu encore m'en procurer la lecture.

classe et l'ordre ; les mots, rendus plus courts, offriroient quelques répétitions de moins dans leur syllabes. Quant aux genres et aux espèces, ils devroient être énoncés d'après un tableau clair et succinct, dans lequel on établiroit une correspondance de convention entre les lettres et les parties de la plante, puis entre les syllabes et ces mêmes parties caractérisées botaniquement.

Si ce travail est possible à exécuter, il y a de justes motifs de l'entreprendre. Un mot court, également intelligible à tous, significatif de la chose, remplaçant des désignations longues, sujettes à n'être point entendues, et souvent absolument insignifiantes, faciliteroit sans doute la conception et la mémoire. Il arriveroit même qu'on ne pourroit point connoître parfaitement une plante sans savoir son nom, ni savoir son nom sans la connoître. Cela arriveroit, dis-je, si ce système de signes étoit parfait, et s'il étoit possible de le rendre tel : ce que je n'admets pas.

(17) *Des liaisons contradictoires.*

Un *cercle quarré* peut être articulé, non pensé. Aucun caractère évident n'avertit par le signe que ces sons n'ont point de sens. L'algèbre au contraire montre l'absurdité dans le signe. Qu'une même droite soit ligne des abscisses d'un demi-cercle et d'un demi-quarré ; si vous prétendez que les ordonnées de ces deux figures sont identiques, vous obtiendrez son expression en signes qui vous déclareront sur-le-champ qu'elle est impossible.

L'algèbre est le plus bel exemple qu'on puisse citer en ce genre, puisque ses signes de liaison sont fort simples, très-peu nombreux, dérivés de deux primitifs auxquels ils sont finalement réductibles, et si parfaits qu'ils portent avec eux le caractère de la plus grande généralité, sans jamais manquer d'avertir lorsqu'ils représentent des cas contradictoires.

(18) *Ils peuvent être variés.*

« Mille milliones scriptorum, mille annorum millioni-

» bus non scribent omnes 24 literarum alphabeti permuta-
» tiones, licet singuli quotidie absolverent 40 paginas,
» quarum unaquæque contineret diversos ordines litera-
» rum 24. » Cette remarque de Tacquet, souvent citée,
suffit pour faire voir combien ce système de signes offre de
ressources pour peindre nos idées.

Lambert fait quelques calculs analogues et plus applicables. Il trouve, par exemple, qu'en employant les voyelles
trois à trois, et les unissant à une seule consonne, de manière à former un seul son articulé, on obtient plus de
cent mille combinaisons ou monosyllabes différens (*);
et il observe que telle est la variété des organes et des habitudes, qu'il est difficile de décider quelles seroient celles
de ces combinaisons qu'il faudroit exclure comme impos-
sibles à prononcer. Quel que puisse être le nombre de
celles-ci, on voit du moins qu'il en restera toujours assez
d'utiles. Et si l'on songe aux combinaisons polysyllabiques,
on reconnoîtra bientôt que la source de ces signes est véritablement inépuisable.

(19) *La briéveté.*

En quoi diffère souvent le signe du signifié, par exemple
dans l'algèbre appliquée, si ce n'est en briéveté ? Une
lettre initiale y remplace un mot. Le signe V y désigne
la *vitesse*, etc. C'est à la vérité le signe d'un signe, mais à
l'égard du premier, celui-ci est bien une chose signifiée.

(20) *Diverses inflexions.*

Lambert fait remarquer que toutes les déclinaisons et
conjugaisons (si variées dans quelques langues) devroient
avoir et ont dû avoir leur signification propre. Mais pour
plusieurs cette signification s'est perdue. Cependant presque
toutes les langues ont leurs formes fréquentatives ou ralen-
tissantes. N'est-ce pas une forme semblable à celle des conju-

---

(*) *Semiotik*, §. 88.

gaisons orientales que ces terminaisons de quelques verbes qui font famille dans notre langue? *Paperasser*, *rêvasser*. — *Tirailler*, *ferrailler*. — *Sautiller*, *pointiller*. Nous avons des formes de déclinaisons qui expriment l'auteur de l'action. *Faiseur*. D'autres pour l'acte et ses produits. *Tromperie*. — *Armure*. — Les cadres de cette nature sont vicieux dans toutes les langues. Il en est peu de plus parfaits que ceux de la langue grecque. En particulier les inflexions des verbes y sont d'une grande richesse.

Les terminaisons des adjectifs méritent aussi beaucoup d'attention. C'est ici peut-être qu'il est permis de se livrer à quelques conjectures étymologiques. Car dans l'origine ces terminaisons ont dû être des mots significatifs. N'est-il pas probable, par exemple, que cette terminaison en *able*, qui désigne toujours l'aptitude, dérive du mot qui signifie encore en latin et en français l'*habileté*, et que les Anglois ont réduit dans leur langue (qui tronque toujours tous les mots) à cette terminaison même? Les terminaisons en *eux* et en *ique*, ont été heuseusement employées dans la nouvelle nomenclature de la chimie, quoique par une analogie éloignée.

Pour que de tels changemens passent de la langue technique dans l'usage vulgaire, il faut qu'ils soient réglés sur les besoins communs. Mais un de ces besoins (malheureusement peut-être) est celui de flatter l'oreille et d'amuser l'imagination. Aussi la poésie et l'éloquence ont-elles acquis le droit de donner cours aux mots nouveaux. C'est un danger de plus pour une langue, relativement sur-tout aux terminaisons des adjectifs, d'avoir une poésie rimée. Car il ne seroit pas difficile de faire voir que c'est une cause fréquente de ces légers abus dont personne ne se soucie, et qui à la longue ont des suites.

(21) *Leurs défauts ne sont point les mêmes.*

Le latin, qui ne distingue pas le prétérit de l'aoriste, pouvoit en quelques occasions emprunter du grec cette nuance.

En comparant les anciens auteurs anglois et allemands avec les modernes, on croit s'appercevoir que l'étude d'une langue dès long-temps fixée, et parlée dans toute l'Europe, a eu sur la leur la plus heureuse influence. Cette langue elle-même pourroit acquérir beaucoup, et pour les mots et pour les tours, en consultant ses voisines. Toutes en un mot ont d'importantes acquisitions à faire.

Les Allemands manquent de certains participes (*), comme le remarque Lambert. Les Anglois n'ont point de genres, et ne marquent le sexe des animaux que d'une manière aussi incommode que bizarre. Le françois résiste aux formes composées, et semble attendre à cet égard que quelque homme ou quelque dieu, quelque philosophe ou quelque poëte, lui donne une impulsion créatrice.

Il ne faut point au reste envisager comme défaut toute espèce de privation de ce genre. Souvent la privation n'est qu'apparente. Les langues anciennes avoient une forme passive dont manquent les langues modernes. Mais l'irrégularité de l'usage rendoit douteux le caractère distinctif de cette forme. Et nos tournures sont exemptes de toute équivoque. Les François manquent de superlatifs, mais il en résulte qu'ils distinguent toujours très-exactement le relatif de l'absolu, ce qui répand souvent sur le discours une clarté bien préférable à l'harmonie.

(22) *Ce reproche injuste à divers égards.*

Il faut d'abord remarquer que les autres langues modernes ont, à l'égard des inversions, peu d'avantages sur la nôtre. Les Allemands, qui une fois sembloient rechercher ce mérite, ont abandonné à leurs chancelleries les longues phrases de coupe latine. Et en effet comment supporter

---

Note postérieure au concours.

(*) Cette remarque n'est applicable qu'à la comparaison de cette langue avec le latin et le grec.

ces hardies inversions et ces grandes périodes en suspens, dans une langue où les personnes et les nombres des verbes sont si imparfaitement caractérisés, et où les syllabes et les petits mots qui modifient le sens de ces verbes doivent souvent en être éloignés de toute la longueur de la phrase?

D'ailleurs, sans contester le mérite des belles inversions de Cicéron et de Démosthène, je demande cependant s'il est de véritables beautés où le françois ne puisse atteindre, non à la vérité par le même moyen, mais par d'autres équivalens. Il s'agit, dit-on, (et on a raison de s'exprimer ainsi), de présenter les idées dans l'ordre le plus propre à l'effet qu'on veut produire. Mais Fléchier, mais Bossuet ont-ils donc ignoré cet art? L'orateur a-t-il besoin de l'appareil des cas pour peindre le vol de l'aigle avant de prononcer son nom? etc. J'ai ouï citer en faveur des inversions latines l'exorde de la harangue pour Marcellus. L'orateur, renonçant tout-à-coup au dessein formé de se taire dans un sénat opprimé, répond par son premier mot à la première question que chacun lui adresse intérieurement : *Diuturni silentii*. Mais n'auroit-il pu en françois commencer de même par dire : *Ce long silence, qui n'étoit pas l'effet de la crainte, mais de la honte et de la douleur, je le romps enfin aujourd'hui?* Je sens bien tout le prix de ces inversions dans les langues qui les comportent, mais les autres ont des équivalens; et il faudra toujours finir par convenir avec Condillac (*) que les avantages de ces deux langues (il s'agit plus particulièrement du latin et du françois) sont si différens qu'on ne peut guères les comparer.

On fait souvent une remarque en faveur des langues abondantes en inflexions qui n'est pas non plus aussi sûre qu'elle le paroît. Les inflexions, dit-on, en particulier celles du régime, préviennent les équivoques en déterminant l'office du mot dans la phrase indépendamment de sa place. Cela

---

(*) *Essai sur l'origine des conn. hum.*, part. 2, chap. 12.

est vrai. Mais cette vérité auroit plus d'étendue et d'importance si ce régime étoit réglé par une analogie constante. A quoi sert, par exemple, (et cette remarque est de Lambert) le régime des prépositions qui varie presque toujours sans cause ou par des causes si subtiles qu'à peine sont-elles appréciables ? La confiance en d'autres inflexions n'est-elle pas une source d'équivoques dans quelques tournures usitées ? *Aïo te, Æacida,* etc. En un mot tout prouve que le sens et l'usage de la langue doivent sans cesse être consultés, et que par conséquent les tours et les formes dont on a l'habitude, sont les meilleurs, et ceux que chaque peuple doit s'occuper à perfectionner.

(23) *A l'extrémité orientale de notre continent.*

Dans toute l'Asie orientale, jusqu'aux frontières de la Russie, et peut-être un peu au-delà, on s'entend parfaitement par l'écriture quoiqu'on parle diverses langues. Entre les nombreuses preuves de ce fait, qu'il me soit permis de citer seulement celle-ci.

A l'île de Condor (qui est une île malaise de l'Inde) un des interprètes chinois de l'ambassade de Macartney étoit allé à terre avec les Anglois. Mais il n'entendoit rien du tout à ce que lui disoient ces insulaires. Cependant dès qu'ils se mirent à écrire leurs paroles, il les entendit aisément : « car,
» quoique leur idiome fût différent de celui qu'on parle à
» la Chine, leurs caractères étoient tous chinois. Il est cer-
» tain, ajoute l'auteur de la relation, que d'après ce qu'on
» éprouva en cette occasion, ces caractères ont l'avantage
» des chiffres arabes, dont les figures ont la même signifi-
» cation par-tout où elles sont connues. » (*) Les habitans de l'île de Condor paroissent être cochinchinois d'origine.

(24) *Wilkins. . . . Leibnitz.*

L'*Essai* de Wilkins et son dictionnaire, publiés vers la fin

---

(*) *Voyage à la Chine,* par Macartney, t. 2, p. 413 *de la traduction françoise.*

du dernier siècle, se ressentent trop de l'état où étoient encore les sciences qu'il avoit le plus cultivées. Ses distributions scholastiques ne sont pas cependant peut-être le principal défaut d'une entreprise qui par elle-même semble excéder les forces humaines. Leibnitz eut diverses vues sur l'établissement d'une langue générale. Mais en nommant ce philosophe, on ne doit pas oublier que, guidé par son génie et ses méditations sur l'arithmétique binaire, il expliqua heureusement des signes tracés par Fo quelques milliers d'années avant lui, et qui étoient devenus inintelligibles aux plus savans antiquaires chinois. Il faut encore remarquer que c'est lui qui paroît le premier avoir conçu l'idée d'un système pasigraphique régulier, soit pour des classes d'idées particulières, soit même pour toutes nos idées. Les détails qu'il donne sur la pasigraphie géométrique (quoiqu'il n'eût point imaginé cette expression), dans l'*Usage* 10 de sa dissertation *de Arte combinatoria* ne laissent aucun doute là-dessus. C'est dans l'*Usage* 11 qu'il traite de l'écriture universelle. Il rappelle les auteurs cités par Scott; ainsi que Kircher et Becher; fait voir les défauts de quelques tentatives, et indique les moyens d'en faire de meilleures. *Leibn. Op. T.* 2. Ses vues sur sa *spécieuse générale* se trouvent au *T.* 5, *p.* 7 *et* 11.

(25) *Cette informe notation romaine.*

L'espèce de distinction qu'on a eu vue en employant cette notation, afin de ne point confondre les premières divisions avec les suivantes, est tout-à-fait illusoire. L'habitude seule l'a consacrée.

On trouvera qu'elle a un usage plus important en mathématiques, où elle sert à caractériser les primes, secondes, tierces, etc., signes dont les mathématiques pures et mixtes font maintenant beaucoup d'usage. Mais il ne seroit point difficile de remplacer cette notation dans ces emplois, par la notation arabe, pourvu qu'on introduisît l'usage dans celle-ci d'avoir deux ou trois corps de caractères différens, correspondant aux majuscules, minuscules, et italiques de l'écriture. On pourroit rendre à dessein ces chiffres majuscules si distincts des minuscules, que ces caractères ne pussent point se confondre, et que la *seconde*, par exemple, actuellement désignée par le II romain, ne pût jamais être prise pour *l'exposant* de la seconde puissance. C'est une petite invention de calligraphie et de typographie que je propose aux hommes de l'art.

Mais puisque je touche à la notation, qu'il me soit permis de donner un regret à ces vieux et utiles mots qu'on en a proscrits, et qu'il ne tiendroit réellement qu'aux philosophes de rétablir. *Septante*, *octante* et *nonante* nous sont nécessaires. Je les réclame. Ils ne sont point inharmonieux, et il me semble qu'un poëte devroit autant aimer *octante années* que *quatre-vingts ans* (*).

(26) *Leur origine est obscure.*

M. Wall juge que les signes des métaux communs à la chimie et à l'astronomie, appartiennent originairement à cette dernière science; et il les dérive des qualités apparentes, sur-tout de l'éclat des astres qu'ils désignent (**). Saturne est peint par la croix et la faucille, et sa couleur plombée l'a fait servir à nommer le plomb. Mars, à cause de sa couleur ardente, est figuré par une lance et un bouclier; et il est le symbole du fer, etc. Mais au point où en est cette science, qu'importe-de-quels signes elle usa dans son enfance? L'intelligence et l'activité de ceux qui la cultivent s'est dirigée vers cet objet, et je ne doute pas que leurs efforts ne donnent chaque jour un nouveau degré de perfection à l'écriture qu'ils ont inventée.

Note postérieure au concours.

(*) Je vois cette réforme autorisée par Condorcet, dans son ouvrage posthume intitulé : *Moyens d'apprendre à compter*, etc.

(**) *Manchester mémoirs*, t. 1.

PROGRAMME
DE
L'INSTITUT NATIONAL,

Relatif à la question traitée dans ce mémoire.

Déterminer l'influence des signes sur la formation des idées.

Parmi le grand nombre d'auteurs qui, dans tous les temps, se sont exercés sur l'entendement humain, à peine en compte-t-on quelques-uns qui se soient occupés des moyens qui peuvent augmenter ou diriger ses forces. Tour à tour enfoncés dans la recherche de ses causes, ou appliqués à décrire ses effets, ils n'ont eté, pour la plupart, que peintres habiles, ou métaphysiciens obscurs.

Cependant, à la voix de quelques hommes de génie, on a senti, depuis quelques années, qu'il falloit abandonner la recherche des premières causes, et porter enfin l'attention sur les moyens de perfectionner l'entendement.

Or, on a cru voir dans les *signes* le moyen le plus puissant pour le progrès de l'esprit humain.

Les premiers philosophes qui tournèrent leurs réflexions sur les caractères de l'écriture, sur les accens et les articulations de la voix, sur les mouvemens du visage, sur les gestes et les diverses attitudes du corps, ne virent dans tous ces signes que des moyens, ou établis par la nature, ou inventés par les hommes pour la communication de leurs pensées.

Un examen plus approfondi fit voir que les signes n'étoient pas uniquement destinés à servir de communication entre les esprits. Malgré l'autorité de quelques grands hommes qui les avoient regardés comme des entraves à la justesse et à la rapidité de nos conceptions, on osa avancer qu'un homme séparé du commerce de ses semblables auroit encore besoin de signes pour combiner ses idées.

Enfin, dans ces derniers temps, on a cru appercevoir dans l'emploi des signes un service bien plus étonnant rendu à la raison : c'est que l'existence des idées elles-mêmes, des premières idées, des idées les plus sensibles, supposoit l'existence des signes, et que les hommes seroient privés de toute idée s'ils étoient privés de tout signe.

En sorte qu'on a jugé les signes nécessaires, non-seulement pour combiner des idées acquises et former de nouvelles idées, mais encore pour avoir les premières idées, les idées qui sortent le plus immédiatement des sensations.

Si une certaine influence des signes sur la formation des idées est une chose incontestable et avouée de tout le monde, il n'en est pas de même du degré de cette influence. Ici les esprits se divisent; et ce que les uns regardent comme des démonstrations évidentes, les autres le traitent de paradoxes absurdes.

L'Institut s'attend à recevoir des mémoires qui, par de nouvelles recherches et de nouveaux éclaircissemens, feront disparoître les incertitudes qui peuvent rester dans cette importante matière, et seront propres à rallier tous les esprits.

Il pense que, parmi les questions nombreuses que fera naître la fécondité du sujet, les auteurs ne doivent pas oublier de répondre aux suivantes :

1°. Est-il bien vrai que les sensations ne puissent se transformer en idées que par le moyen des signes; ou, ce qui revient au même, nos premières idées supposent-elles essentiellement le secours des signes ?

2°. L'art de penser seroit-il parfait, si l'art des signes étoit porté à sa perfection ?

3°. Dans les sciences où la vérité est reçue sans contestation, n'est-ce pas à la perfection des signes qu'on en est redevable ?

4°. Dans celles qui fournissent un aliment éternel aux disputes, le partage des opinions n'est-il pas un effet nécessaire de l'inexactitude des signes ?

5°. Y a-t-il quelque moyen de corriger les signes mal faits, et de rendre toutes les sciences également susceptibles de démonstration ?

www.ingramcontent.com/pod-product-compliance
Lightning Source LLC
LaVergne TN
LVHW051507090426
835512LV00010B/2384